いつも心にケセラセラ

真矢ミキ

青春

010 ― 心地よさから始まって
014 ― 好きな人に想いをのせて
019 ― 同窓会
024 ― 母と娘の攻防
029 ― 引き継いだもの
034 ― 美味しい時間を閉じ込めて
039 ― 習慣という影響力
043 ― 二人の母のこと
046 ― 時間をかけて煮る
050 ― 魚心あれば水心
054 ― ファーストインプレッションは宝
064 ― 研究所の扉
067 ― 新たな扉を開くとき
073 ― その男、共犯につき

朱夏

082 人生の休息は突然に
085 私と役の間
088 コミュニケーション
091 不便から見える風景
093 本番、非番
098 日々是精進なり
102 メンテナンスの大切さ
105 イメージというもう一人の私
109 離れていたからこそ
112 最長三日
115 根拠のない……
119 キャンドル
122 まごころ

白秋

126 寛容
128 趣味
133 イマジン
135 潮流にあらがうシャケ
138 本
141 時代に合わせる、作る
144 創造する家
148 時は令和なり

冬

154 — 色気宿る人
156 — 出会った老紳士のこと
161 — 和と個のバランスの中で泳ぐ
162 — 自らの選択の末のこの瞬間
166 — 親友
177 — 兄
181 — まなざし
187 — 至福のレシピ
190 — お宝に会える場所

193 — 美醜
196 — アスリートの背中
202 — 生きがい
207 — 脱帽
211 — 木曽川
214 — 余韻が残る人
217 — 実るほど、頭を垂れる、稲穂かな
221 — お隣さん
225 — 山あり谷あり
230 — あらゆる壁が扉になるとき

はじめに

人生の春夏秋冬

人はよく、人生を季節にたとえたりします。一〇代は青春時代だから春、とか。仮に数十年単位で区切るとすると、六〇代が冬ということになる。

そう思うと私はそろそろ冬の時代に突入なのだ。となると日照時間も短く寒さに耐えうる強さも必要……とついつい構えてしまいがちですが、シンプルに六〇回も冬を経験しているのです。身体に衰えはあっても心には防寒用のコート数枚と笑って過ごせるユーモアがある。「よしっ、冬上等！」と思えば、「たっぷり謳歌しようよ」と、心も立ちあがるものです。

私はよくお世話になった方にお手紙を書くのですが、せっかくだからご挨拶の言葉にポジティブな言葉を入れたいと思い色々調べていたら、「寒凪《かんなぎ》」という言葉に出会いました。

小寒と大寒の期間の寒中にあたる時期、風がなくて穏やかな天気の日を指す言葉だそうです。

現実の中で生きていると、困難が波のように迫ってくることもあるけれど、そんな中でも、心に凪のような穏やかさやあたたかさが打ち返すことがある。厳しさの中で出会えた凪に、えもいわれぬ美しさを感じることもある、だから人生って面白いのだと思ったり。

この本では、私の人生を四季になぞらえ、語ってゆきます。

皆さんが、この本を通じて私と一緒に楽しんだり、気づいたり、ページをめくる時間そのものをケラケラケラセラセラと慈しんでいただけるようなら、それに勝る喜びはありません。

真矢ミキ

09:30

青春

心地よさから始まって

突然ですが、私、実は内向的です。まったくイメージとは異なると思うのですが、自己分析すると間違いなく。したがって「隅っこ」が好きです。お店やバーでは勿論、子どもの頃の写真を見返しても、端っこの方に写っていることが多いのです。今は、その場の役割に応じて、輪の真ん中にいかざるを得ない場面も、仕事ではありますが、もしもどなたかから、「どこでもご自由に」なんて言われたら、未だ嬉々として、すぐに隅っこに移動することでしょう。

みなさんが抱く、私、真矢ミキのイメージを冒頭からガラガラと壊して参りますが、これが本当の私。

後ろでも一番端だと目立ってしまうことを知っているから、端から二番目や、後ろから二、三番目の列をあえて選ぶ。そういう場所に身を置いている方が、気持ちが落ち着くというか。私の存在が人から見えていない気がして心地よい。

大検受験で塾に通っていたときや劇団のレッスンのときも、ほどよく目立たない位置を見つけ集中していましたっけ。先生の前、あの特等席に進んで行く人を見かけると感動すら覚える。何故集中できるのだろうと。私ならあまりの圧の大きさに怯み、きっとなにも頭に入らないことでしょう。現にバラエティなどで急な質問をたて続けにされると頭がまったく作動しなくなる私は本当にスローラーナーで緊張しいなので、小さい頃から、そんな自身を感覚でキャッチし、緊張の柔らぐ隅っこで集中を高めていたのだと思います。

だからみんなを少し離れた場所から人間観察するのも好きでした。

親が転勤族だったからなのでしょうか？　そして、そんな内気な子が、何かのきっかけでポンと真ん中に立たされた時に、ごく稀に恥ずかしさゆえに孤独の壁を破り得体の知れないテンションへと切り替え、私は根が明るいですと言わんばかりの、自身も知らない自分に出会う場面にも幾度か遭遇しました。自分で言うのも何なのですが、宝塚で、劣等生だった私が何故トップになれたのか……うん、やっぱりかなり、恥かしくて、恥ずかしくて。その恥ずかしさをバラしたくなくて別の人格が飛び出てきた……ただそれだけな始まりだった気がします。

青春

好きな人に想いをのせて

何かと気持ちを箇条書きにしたりと書くことが好きな私は、人とのコミュニケーションも話すより、小さい頃からよくハガキや手紙、そして懐かしい響きの交換日記で人と繋がっていた。女の子はもちろん、男の子とも。トータル三人、と言いたいところですが、一人は交換日記開始未遂でした。

中学一年生の頃、中学三年生の生徒会長を好きになった私。あの当時の二学年差は大きく、先輩を好きというのはかなりませている子でした。マンモス校で、ひと学年一五クラスあったから、全部で四五クラス。そんな大勢のトップに立つ生徒会長は、ひたすら輝いていました。長身で誠実を絵に描いたような彼が立つグランドの朝礼など、もう恋という熱中症に毎朝かかって常にデレーっと倒れていくような学生時代でした。どこに住んでいるのかもみんなオープンな時代だったので、ある日、居ても立ってもいられず彼の家に行き、先輩の部屋があるであろう二階のベランダに、思いっきり交換日記のノートを投げ入れました。ポストがあるにも関わらず。何故⁉　愚か。

恋は盲目といえども、私に前頭葉の働きはなかったのか？　とあの頃の私に聞きたい。やり投げ、はたまた砲丸選手か⁉　気合十分に加速もつけて投げこんでいました。

ノートの表紙に「交換日記」と一方的に書き、一枚目に「中一の佐藤美季です。私はあなたと交換日記がしたいのです」と書いて……幼さと愚かさが止まらないホルモン値の上昇とでもいいましょうか。交換日記を何度も下からベランダに投げ入れました。ですがなかなか投げ入れるのは困難で、何回も落っこちてだんだんページの端が傷つき、人に差し上げられるような形ではなくなっていたのを覚えています。ボロつくほどの深い想いと衝動。地上で想いを伝える事が出来ないが故の理解不能な行動でした。

思い起こせば私の人生、好きな人に想いをのせて投げることが多かったような気がします（何だそれ⁉）。宝塚に入るまではずっと共学の学校に通っていたこともあり、女性が女性に憧れる気持ちが全く分からない状態のまま宝塚生活に突入し、一年目から寮生になった私。同じ寮に住んでいる別の組のとても美しい男役の先輩と出会ってからというもの、同性に憧れる気持ちが徐々に遅ればせながら分かるようになりました。そして私のバラ色の日々は、あの生徒会長からスルーされ勝手に失恋して以来、久しぶりに始まりました。その先輩は英語が堪能で、酔うと必ず英語を喋りながらフラリフラリとほろ酔い気分で寮に帰ってくるのです。その姿も何だか、ショートカットの黒い髪の毛が微妙に乱れてかっこいいのです。

ですがある日のこと、飲みが過ぎたような先輩の姿を寮で見かけた私。先輩があまりに心配になり、彼女のために私は何かできるのだろうか……といてもたってもいられず考えを巡らせた結果、その先輩の部屋の扉の上にある細くいくつかの板で開くタイプの窓に、一包の胃薬をパサッパサッと投げ入れるのでした。箱ごとだと入らないから、一包ずつ投げ入れる……。せめて二包くらいでいいのに、翌日も飲むかな？　など思いめぐらせ全部で一〇包くらいでしょうか、集中して小窓に狙いをさだめて……。どこの誰ともまだ認識されていない私なのですから、先輩は翌朝さぞかし驚かれたことでしょう。目が覚めたら、胃薬に包囲されているのですから。
今、冷静に思えば、おそらく中学の時の先輩もこの子とだけは交換日記しないな……と思っていたことでしょう。私は好きな人のことになると、心が先に走り、心配になり、恋する少女を飛び越えて、暴走する親心な行動に出てしまう子だった。でもって告白はできない。したくない。何なのでしょう。勇気があるのかないのか？　傷つきたくないのか、そもそも傷ものの思考なのか……。この分野、自分のトリセツはいまだ完成しておりません。

イタタ…。

同窓会

同窓会というものを経験した人だけが味わう甘酸っぱさや苦々しさ。私も過日、中学校の同窓会に出席して、ようやくそれを体験することができました。一〇代の頃、一つの箱に一緒に入って勉強していた私たちが、二〇年、三〇年、四〇年と月日を重ねて再び会う。会えなかった空白の時間を埋めるように話し、幼い頃の細くなった記憶をたぐりよせ分かち合う。これは大変面白い時間でした。

学友というものは、ともに時を重ねているから、なんとなく学生の時の印象のまま大人になっていると思いがちですが、いざ会ってみると、「どのタイミングでそのキャラに？」というぐらい意外な変貌を遂げている子がいたり。皆、様々な人生を歩んでいて話が一気にとっ散らかるから本当に楽しくて。

「中学の時、あんなことがあったよね」という話は、だいたい個人個人都合よく塗り替えられていて、「俺の事、好きだったよね」なんて言われていやいや私はベランダ先輩一筋ですと思っていた。そんな会話もだいたい小一時間で収まり、次には決まって「ねえ、今、何してるの？」という話に移行、すると、「私二回離婚したのよー」と笑っている子、また、広告代理店で働く子は、「なんかで一緒する時あったらええなぁ」なんて。子どもの頃には夢にも思わなかったような関係性が新たに広がりを見せていく。

面白いのは、当時のクラスの立ち位置や人間性は、久しぶりに会ってもわりと変わらなかったりすること。からかわれやすかった子は、久しぶりでもみんなにイジられているし、学級委員だった子は相変わ

青春

らず幹事をして会計も頑張ってくれていたり、ムードメーカーの子は時を教室に戻したようにみんなを盛り上げ各テーブルをまわって笑わせている。感覚はあの時のままなのに、なんとなくどことなく、一斉にそれなりに少し老いた大人顔して。小ジワもほうれい線も、まさに同じ歩調で歳を重ねた「同級生」の証なのか。そんなみんなの「歳を重ねた顔」が愛おしくて。欲を言うなら、バブルの時代のイケイケで、化粧っけが色濃くあった時代に、一度会っておきたかった。私は中学校を卒業した一五歳で宝塚に入り、そこからはみんなと一目も会わずに男役研究をしていた日々だったから。みんなのやんちゃ時代や頑張っている社会での姿を思い浮かべながら、今再び少し化粧っけのない時代に突入して、心の成長する時代をみんなで迎えているようだ。何より、牛乳から一変して、一緒にお酒を酌み交わすのだから、時を重ねる事は実に不思議で愉しいものです。

皆それぞれ、ここまでに何かに挑戦し、踏ん張り、何かしらを終えてきた。燃えるような恋愛もしたのかな？　結婚を終了した人も、そして今から二度目の結婚を同級生と発展させている子も。二、三〇代とは違い、心に少し余裕のある大人になって歩きだしていた。深く、感慨深い時が私の中に流れ込んでいました。

学生の頃のはにかんだ笑顔も好きだけど、経験を積み小ジワが入った笑顔は更に美しくて……同窓会というラスト一人になるまでは永遠に存在する会に「分かち合い」という安堵をいただいています。

母と娘の攻防

母は家事全般をこなし、私の洋服もほとんど縫う編む、いわゆる昭和の良き専業主婦でした。

日々、家族の身体を考えて料理の具材は多めで大きめで、「食べなさいよ！」と攻めてくる。たまに私が、「まだこの里芋固いよ」なんて言うと、「みきが出かける時間を教えてくれないから急いだのよぉ」というのが母の決まり文句でした。

料理が上手なだけに悔しかったのだと今ならわかりますが、「帰って来るか来ないか言ってくれないからこうなっちゃったのよ～。言ってくれればこうなんないのに、焦るとダメなのよ、料理は」と帰宅したらしたで少し朝と文言を変えて口うるさく言ってくるのです。

お客さんが来ると、「人数多くなると勘が狂うのよ」とも言って、「えー。それなのに美味しい」なんてお客さんがくださる優しい言葉に謙遜しながらも、そのお褒め大好物とばかりに全開の笑顔で喜んでいる人でした。「だいたい朝夕そんないつも時間変わらないんだからわかるでしょ⁉ 私のせいにしないでよ」ああだと言う娘に、こうだと言う母。バランスは小さないさかいによって案外とれていた母娘だったのだろうと思います。周りの父、兄には迷惑な会話ですが。

そこから数十年。あの母親全盛期だった母も八〇代後半になり、高齢者に多い大腿骨頸部を骨折してから車椅子生活となりました。ある日、段差の多い歩道で母の車椅子をヨイショッと押しながら歩いていると、母が「道がガタガタするから押しづらいでしょ。降りて私が代わるわよ〜」と。いえいえ母上、歩けないから車イスなんですけど…、と久しぶりに母親しようとしたわりにはツッコミどころ満載で、何だか母らしくて今もたまに思い出しては笑っています。

横浜の元町辺りで育ち、いわゆるお嬢様学校と言われるところに通っていたこともあり、何かにつけて口から飛び出す言葉は「for others」と「ハマっ子はね、自由で寛大なのよ」でした。おっとりしているのだけど、五人兄妹の長女でもあって、しっかりしなきゃと自身をちゃきちゃきと律してきた、実は可愛らしい人。

母が高齢になってからの三年半は私の夫と三人で一緒に住んでいました。中学時代以来の母との同居はほんと珍生活といいますか、兎に角母の言葉の言い間違えも多く、「朝ごはんママ何食べる?」「私は今朝もシリアスでいいわ」「了解、シリアルね」といった具合。

聴き慣れた私達も淡々と支度したり。母の鼻歌はサビからいつも違う歌になっていったり……何だか呆れながらも笑いの絶えない毎日で、今思えば母が旅立つ前にもう一度だけくれた、娘ああ言えば母こう言うの、わちゃわちゃした、それは幸せな時間でした。

引き継いだもの

祖母の代から受け継いだものが色々あります。着物やブローチ等の物もあれば、今も活躍している伝承のお雑煮やトーストのレシピなど。昔から、家族の体調が悪いとき、祖母が考案したりんごトーストを母がいつも作ってくれていたので、私自身も自分で作って幾度か胃の調子が辛いときなどを乗り切ってきました。

また、こんなこともありました。二〇〇四年父が七二歳で他界して間もない頃、「悲しいことばかりじゃ悔しいから、よーし何か欲しいものをママ一緒に思いきり買おう」と、虚無感に襲われながらも私なりの一種の反骨心でやっとこさ母を連れだしデパートへ。その館内で見かけたラルフ・ローレンのプルシャンブルー色したベルベットの上下の洋服に私は見惚れて手にしていました。ですが、当時の私には高くて買う気にはなれず戻そうとした時、「こんな素敵な色は二度とお目にかかれないんじゃない？」と見かねた母、「おばぁちゃんからのお金で買ってあげるわよ」と言うのです。祖母が亡くなったのは、その頃でもかれこれ三〇年は経っていたかと。この時はじめて祖母から受け継いだお金に一切手をつけていなかった母を知りました。今、私も五年前に母を亡くし、遺品整理にはまだ気が進まず「そのまま」という後回しに見える行為を続けていますが、母もずっとそのお金を容易くは使えなかったのでしょうか。なんだか今なら、その気持ちがわかるような気がして。そんな大切なお金で買ってくれたラルフローレンの服。しかし白状すると、そのベルベットの上下は、一度も袖を通さないまま二〇年もクローゼットにかかっています。何なのでしょう。着るより、見ていたい服なのです。

　私が好きだった作品「風と共に去りぬ」のスカーレットが着ていたような、エリに少し高さのあるシンプルで上品なベルベットの洋服。スカーレットの、どんなに窮地に追いやられても自分らしく生きる、プライドがズタズタになっても私は生きてみせるとタラの大地に誓った右拳や、着飾るお金がなくて自分の部屋のグリーンベルベットのカーテンをひきちぎってバトラーに気に入られるよう洋服を作ったあの勇敢で健気なシーンが大好きな私は、ラルフローレンの紺青色したこの一着がとても似て見えたのです。私自身もあの時どん底から這い上がる彼女の精神に、憧れていたのかもしれません。あの日から二〇年。今は父や母も旅立ち、主《あるじ》なくして時がとまっているようなブローチや老眼鏡、洋服や靴など……。そんな私は今日確かにあった温度を感じて、

ラルフローレンに手を通してみました。
父や母が、このアクセサリーや洋服を身につけながら向かった先はどんな所だったのだろう？　この靴を履いて歩いた先にはどんな事があったのだろう？……過ぎた時に思いを馳せる。

青 春

美味しい時間を閉じ込めて

私の料理は母の料理を真似て覚えたものばかり。今でも納戸から母が新聞広告の裏を使って書き記したレシピが沢山出てきます。思えばうちは、お正月以外でもお雑煮のよく出る家でした。出汁は鶏モモでとって、ずっと入れておくと硬くなるので少し煮たら一回鶏肉を引き上げて寝かせる。味付けは鶏のお出汁に少しの醤油、お塩で味を調える程度。具は小松菜、里芋、人参、大根、そして最後に三つ葉と焼いたお餅を。そこに先ほど取り出した鶏を加えてひと煮立ち。いつも決まった味付けで、野菜の種類も増えたり減ったりすることはありませんでした。前述のりんごトーストは、食パンを先に軽く焼き、バターを塗る。そこにとろけるチーズを置き、すりおろしたりんごをふんだんに乗せて、その上から少量のシナモンシュガーをパラパラとかけてオーブントースターで再度軽く焼く、いわゆる「外側サクッと中柔らかく」の、消化によくお腹に優しいトーストです。

母は、料理番組を見ながら気に入った料理があると、いつもレシピをノートに書き込んでいる人でした。気になる料理はレシピがあるとチラシの裏に急いで書きつけて「それは　大さじ一杯！　でしょー。ほらー」なんて、クイズ番組を見るようにテレビの中の聞き手の方より先に声に出したりして……長年の炊事を誇らしげにしている背中でした。そんな母の影響か、今は私も美味しそうな料理を見聞きすると気がつけばノートしてます。母のチラシ裏レシピ、今も全て納戸にしまってあります。すっかり捨てるタイミングを逸してしまいましたが、まずは一枚取り出し、作ってみますか。

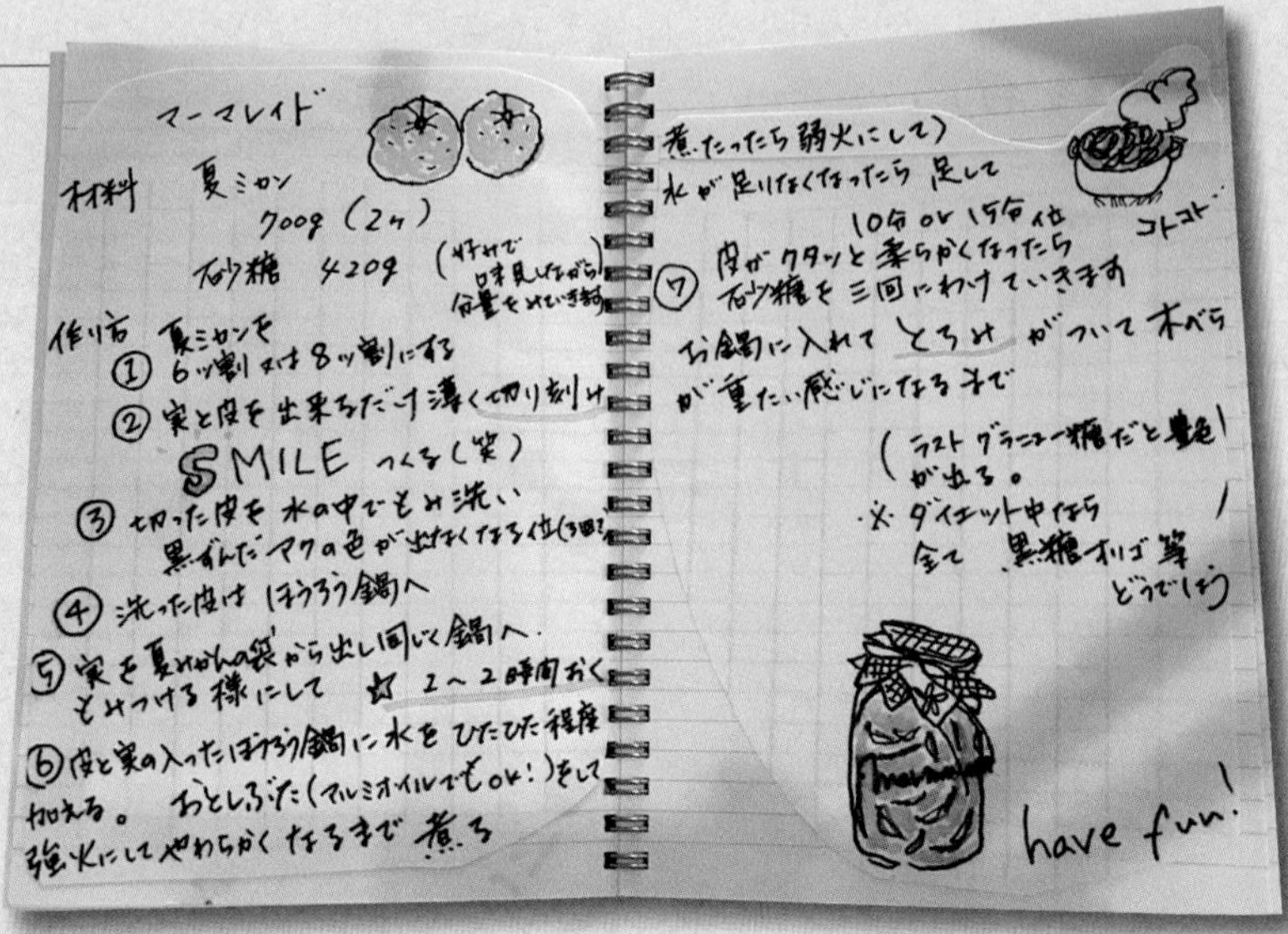
マーマレイド
材料　夏ミカン
700g（2ヶ）
砂糖　420g
作り方　夏ミカンを
① 6ッ割又は8ッ割にする
② 実と皮を出来るだけ薄く切り刻む
SMILE つくる（笑）
③ 切った皮を水の中でもみ洗い
黒ずんだアクの色が出なくなる位
④ 洗った皮はほうろう鍋へ
⑤ 実を夏みかんの袋から出し同じく鍋へ
もみつける様にして ☆ 1〜2時間おく
⑥ 皮と実の入ったほうろう鍋に水をひたひた程度
加える。 おとしぶた（アルミホイルでもOK!）をして
強火にしてやわらかくなるまで 煮る
煮たったら弱火にして
水が足りなくなったら足して
10分 or 15分位
コトコト
⑦ 皮がクタッと柔らかくなったら
砂糖を三回にわけていきます
お鍋に入れて とろみ がついて木べら
が重たい感じになるまで
（ラスト グラニュー糖だと艶が出る。
※ダイエット中なら
全て 黒糖オリゴ等
どうでしょう
have fun!

Marmalade Jam

Apple Cheese Toast

Grilled Chicken and Vegetables

手羽元と野菜のグリル

（2人～4人分）

【用意するもの】

・手羽元 … 5本から10本（お好きなだけどうぞ）
・プチトマト
・パプリカ（好きな大きさにカットで大丈夫）
・ヤングコーン（これは香ばしくてグリル料理に特にあいます）
・ブラウンマッシュルーム（手羽元と何かお野菜があれば大丈夫。葉物野菜は焼けすぎるので、なしでいきましょう）
・しょうゆ … 大3
・にんにく … 一片みじん切り（チューブの場合小さじ1）
・はちみつ … 大2
・塩、胡椒 … 適量
・オリーブオイル … 大2（できれば粗挽き黒胡椒）

【下ごしらえ】

◎手羽元は、水気を取ってジップロックにザザッと入れましょう。
◎その中に、しょうゆ、にんにく、はちみつ、塩、胡椒を入れてよく揉みます。

日頃の
あんなことこんなこと……
考えながらキュッキュッギュッギュッと
揉みこんで楽しんでください。
味を入れるため、その子を半日～2日、
冷蔵庫で寝かせます。
オヤスミ

【作り方】

①寝かせておいた手羽元を起こし、オーブンを180℃に予熱しておきます。
②耐熱容器またはオーブンレンジ付属の天板にオーブンシートを敷いて、野菜を並べます。
③塩、胡椒、オリーブオイルで味をつけたら、あとは色んな味と思いの入った手羽元を並べて180℃のオーブンで40分。出来上がりを待つだけです！

習慣という影響力

父は航空会社に勤務していました。そして祖父がタクシーからバス会社に移行した会社を営み、伯父は船に関係する仕事を。陸海空、軍隊ではないけれど全て揃っている家系もなんだか不思議。空に関係した父を持つ我が家は移動が多く、いわゆる転勤族で二年に一度の行事のように各地を転々とし、幼少期から土地を離れることに慣れていきました。広島、福岡、神奈川、千葉、大阪と、宝塚に一五才で入学するまでの幼少期は兎に角気づけばダンボールに荷物をつめては開ける日々でした。そしていつもの儀式のように学校の黒板の前に立ち、みんなの前で担任の先生に紹介される。初めての転校時は猫を幾重にもかぶり着ぐるみ状態で自己紹介、「みんな、仲良くして下さい……」なんて小声だった私も、四、五回目の転校になると「私の好きなタイプは話が面白く、スポーツ万能な男の子です」なんて、段々とスピーチ慣れして黒板前の挨拶だけは一丁前になっていった。するとクラスでも明るいグループが声をかけてきてくれたりした。私は幼少ながらも第一印象は三秒で決まると確信した日々でした。しかしながら習慣というものは人生に大きく影響するようで、今でも数年住むとそろそろ新しいまちに移動したいなという思いが、ふつふつと込み上げてくる性分になりました。

なので、「生まれてからずっとここに住んでる」……なんて言う友人の話を聞いていると、初めて火を見た北京原人みたいに、私は、驚きと感動を隠せなくなるのです。もし私がずっと同じまちに暮らしていたなら、幼い頃から見ていた景色や最寄りの駅周辺は、何歳のときのどんな気持ちを色濃く存在させてよいのかわからない。何せ私の中では福岡は小二までだったな、たまプラーザのこの景色は九歳だったなと場所で年代がファイルされたようにセットで整理されているのです。だから故郷という得た事のない響きを想像し、思いを巡らせることもあります。

又、引っ越しの連続で、一つの土地に対して断片的な思い出しかない私にとっては、何より宝塚にいた一五歳から三〇代前半までの景色が故郷そのものなのかもしれません。二〇年一つの土地に腰を据えるなんて、仕事でなかったらありえない出来事だったことでしょう。本当に私にとっては夢のように長居した月日だったのだから。多感な一〇代、二〇代、三〇代を兵庫県宝塚市で過ごし満足できたからなのか、退団してからの私は、やはり一箇所に定住することなく、さまざまなまちに住んでいる。先日ザっと数えてみました。引っ越しはおおよそ二一回に及びました。「あんな景色の中で過ごしたい」というその時代その時代の思いに任せて。もしかしたら自分の家というより、さぁ次はどこに飛んでいきますか？　と、機内を楽しむように自身の居場所を各地に求めているのかもしれません。航空会社でフライトプランを立てるディスパッチャーだった父は、生きていたら今、私にどんな路線を立ててくれるやら。根なし草のようにふわふわと飛んでいたい願望はありませんが、いつだって旅するように生き生きと土地を選び住んでみたいです。ここからは海外でも生活してみたいし、「習慣」という、父の形見は私の人生に大きな影響をあたえているようです。

そう言えば父の口癖は「君は君の人生を謳歌しなさい」でした。はい父上、まちがいなく私はあるがままに私らしく生きております。

二人の母のこと

夫が九州出身ということがきっかけで、結婚してから初めて九州の文化に触れることとなりました。義母をはじめ九州の女性は明るく、率先して誰かのお世話をしに行くようなところが多く見受けられるような気がします。それも苦と思わず、自然に大変なことをサラッと。そういう逞しいほがらかさに、男性も心地よく誇りを持って男性感を味わっているような。「時代は変わっても、男はやっぱり男らしさよ！」と言いながらも、男らしさって女らしさって何？　といった時代の風潮を気にしつつの背中も見せながら。男女同権、ＬＧＢＴＱが声高に叫ばれる時代になりましたが、夫唱婦随を選ぶも人それぞれと。義母のそんな明るい声が聞こえるよう。

なので私、夫の母親、つまり義理の母から学ぶことが本当に多いのです。私の母は生粋の浜っ子気質。チャキっとした性格と包容力、男女平等意識が高いまではいいのですが、自分の身内のことは人前ではあまり褒めない母。「ご主人いい方ねえ」と人に褒められれば、「いやいやもうほんとに、内弁慶で外面だけがいいのよ〜」と照れくささに被せる様に言ってのける。兄や私のことを褒められても、笑いながら横に立つ私をポンポンたたいて、「見て、この通り、たいした事ないわよ！」と否定してきた。それはそれで母の奥ゆかしさなのだけど、義母はというと、必ずと言っていいほど義理の父のことをその様には表現しない。「ステキなご主人ですね」と言われれば、「まぁ嬉しい。伝えます。今夜は大喜びだわ」と茶目っけ口調で見事な笑顔なのです。息子が褒められれば「私が産みましたぁ」とチャーミングな言葉で場を盛り上げている。そんな義母の所作や振る舞いを見ていると、女性とは本来こういうことなのかなあ、楽しく朗らかで美しいなあと、勉強になります。義父が何か忘れ物があったとしても、「あらー、疲れてるのね」とまずは言葉で寄り添い、「それなのにこれをやってくれたのね、ありがとうね」など、言葉選びが心地よいのです。何だか美しい岩か石に頭をぶつけた様に私は目覚める日々なのです。笑顔で寄り添う、たおやかな優しさを持っている義母。謙遜や自虐ネタで周りの人を笑わせてきた母。結局、県民性も関係ない個人の違いなのだけれど、どちらが良い悪いではなく、どちらも経験できている事がラッキーと申しましょうか。義母の影響でだんだんと私も表現が自然と変わってきているように思う今日この頃。人は付き合っている人に影響を受けるといいますが、まさにこういうことなのだと。「感化」というのでしょうか。人生の前半、実母に感化され、後半、義母に感化されている。

「去り際にまた会いたいと思われる人になりたい」

昔から大切にしている私の中の一つの流儀。今の私は、どれくらいそんな人に近づけているのだろう。

「あーら、みきには無理よ……フフフ、だって私の子だもん」といたずらな母の声が今、聞こえたよう。

時間をかけて煮る

冒頭で内向的はお伝えしましたが、私は子どもの頃から、かなり世渡りベタなタイプでもありました。宝塚時代も先手先手を打って、なんて思考回路は皆無に等しく……まあ、一五歳で親元を離れたことも影響していますが、先輩の懐に入るなんてどのタイミング!? なのか全く。おまけに、人とはつるまない基本単独行動する性質は、転校が続く幼少期を過ごしたからなのか。だから劇団というコミュニティ重視の職場で、もうちょっと賢いやり方はなかったのかと思うこともありますが、ふと振り返れば、そんな世渡りベタも長い目で見ると悪いことでもないような。

何故なら、長く勤務すれば、自然とじわじわと人となりが周りに漏れ伝わるからです。勿論良くも悪くもですが……。

宝塚に二〇年、それから俳優で二五年という月日が経ちましたが、自分という人間を理解してもらえるまでは、なかなか時間がかかりました(かかっております!?)。それは例えばマウントとる人がいたらとらせとこう、ない事ない事言われても「言わせとけ」と、私は常に周りに理解を求める事はしてこなかったから。だって嘘はいつかバレるはずだし鍍金《めっき》の優しさならばいつかペロリと剝れるものだから、早い話、長いものに巻かれず、よほどの場合は真正面から、「え、それっておかしくない？」なんて普通に疑問を言ってきたりしたものだから、それはそれは人によってはこてんぱんにやられる時はやられてきました。

しかし長く一つの職場にいると、どんなに誤解されても、その後、「この人世渡りベタなんだな」と、自分でも分析できていない私に皆さんの方から理解を示してくれる。真っすぐしかないんだこの子と、最高に愛してもいただいてきました。一日一日、悲喜交々ありながらも、本気で本音で走り、ただひたすらに。そして今気づけばあなたほどわかりやすい人はいないと笑ってくれる人達が周りに沢山いる私となっていました。別にいいやとなかば悟っていた私なのに……。

青 春

人生は時にとても不思議な事を起してくれる。人間関係はまるで長い時間をかけて煮込む料理のように、コトコトコトコト、不器用ならば丁寧にひたすら歩むことの大切さを改めて感じています。

そんな経験もあり、もしご自身が世渡りベタだと思っている人がいたら、一つのところに長くいることをおすすめしたいのです。

魚心あれば水心

私のパートナーは、お花を一輪買ってパッとスーツの胸ポケットにさしたりする。なんだかそこだけお伝えすると特に日本ではキザだと思われかねない行為だけど、それがさり気なくできる嫌味のないタイプ。プレゼントもなかなか気が利いていて、生前の母をよく喜ばせておりました。

例えばバッグをプレゼントする時も、母が持っていないような色を選び、高齢だから軽くて手が痛くならないようなものを見つけてくる。さらに、日頃からしっかり母のことを観察している彼は「お母さん、すぐ鍵がないってバッグの中を探してるから」と言い、バッグの持ち手部分に引っかけてリールが伸びるタイプのキーホルダーを、落ち着いた生成りのコサージュのお花を添えて、バッグに付けてあげるのです。

どちらもそんなに高価なものではないのですが、母はそんな風に痒いところに手がとどくような計いが嬉しいようで、「よく見ててくれたわね」と、ここは素直に、大変喜んでいました。

その翌年は、濡れた傘を入れるカバー。今は普及していますが、彼がそれを母にあげたのは一〇年以上前でしたから、「へえ。こんなに便利なものがあるのね」と私も感心してしまいました。夫は「いつも傘をさした後、ママ服が濡れてたから」と素朴なタネ明かしを。プレゼントそのものもですが、おそらく自分のことを気にかけて探してくれていた時間や思いが、人の心に沁み入るのかもしれません。

周囲の方にかけていただく言葉や、ふいにいただくお手紙もそうですね。「ああ、見ていてくれたんだ」とわかる一言が入っていると、やはり嬉しいものです。

彼は、祖母がバレエ教室を立ち上げて、それをお母さまが繋いで、という環境で育ったので、女性の中にいても気負うことがないのだそう。身構えないというか、素のままでいられるというか。逆に、男の子の遊びをそんなにしてこなかったこともあり、同性といる時のほうが、ちょっと自分を作ってしまう傾向があるとか。恐竜のおもちゃで遊んだり戦闘ヒーローのTシャツは着たものの、毎日一つ一つバレエの足のポジションを女の子たちのなかで学び過ごしてきた男の子には、やはり他の男の子とはどこか違う感性が育っていたのかもしれません。私も、一〇代の中盤から三〇代中盤までの二〇年間、女性しかいない世界に身を置き、そこで男役として男の子のように育ったから、その状況とその感覚、なんだか理解ができるのです。

全然異なる似た者同士。神様のお計らい……または悪戯なのでしょうか。

ファーストインプレッションは宝

宝塚の世界観、女性が女性に憧れるという感覚を理解するのに非常に頭を悩ませたと申しますか、白く厚めのドーランに真っ赤な口紅、そこにバサバサと瞬きの度に音がするようなつけまつ毛をつけ、目の上は泳げるような鮮やかなブルーのアイシャドウ、そしてマント翻し「おいで……」なんて。「そんな男おるか〜い！」と当時の大阪の男女共学に通っていた中学生の私は、宝塚の世界をどう見てよいのやら到底理解できないものがありました。特にツッコミの多い関西にその頃住んでいましたから尚更です。母はそんな宝塚が女学生の頃から気になっていたらしく、「素敵ね、みきも目指せば！」なんて、初めて関西エリアに転勤となった我が家で一人楽しみを見つけたようでした。

一三、四歳ごろの私は、男子の家のベランダに交換日記を投げ入れ、片想いの現実と闘っていただけに、宝塚歌劇団はまさに一番遠い非現実な夢の世界でありました。

ただ、母を喜ばせたい一心に……といえば聞こえが良いですが、この頃我が家では両親の離婚話が持ち上がっていて数年ギクシャクとしておりました。今までこの話は世間さまにあえてお話しするのも両親のためにも、ととどまっておりましたが、両親も旅立ち、私も大人になりましたので、ここは正直な動機を書こうと思っています。当時、一四歳の私は私が宝塚を受けると言いだしたら二人共協力体制となり冷静になってくれるかなとか、兎に角、宝塚受験を理由に両親の仲が戻ってくれる事を願っていました。日々進行しつつある話し合いと、「みきはパパとママどっちと一緒がいい?」という質問から正直逃げたい一心の現実逃避型受験だったと今、思います。ですから入り口から私は、夢より現実を背負った、受かれば万々歳のダメ元受験でした。しかし、それが神さまのいたずらか、お救いかは定かではありませんが、芸事の英才教育をほぼほぼ受けていなかった私がまさかの合格をするわけなのです。この日から私は一五歳で実家を出て長い宝塚での寮生活が始まりました。結果、両親は別れずに二人で今世まっとうしてくれたのは、あの後、宝塚に入った私を家から見送ってくれた兄のがんばりだったのではと、こうして著書を書きながら気づき感謝している私です。

そしてもう入学してからは、この女性のみの団体である劇団を理解するために、あれやこれや遅ればせながら公演を日夜観ては自身を宝塚にハメようと尽力いたしました。もちろん時間はかかりましたが、

青 春

一年後、男役にツッコミいれていた心はどこへやら!? 大地真央さんの男役にすっかりのめり込んだのです。他の同期とはかなりの周回遅れで抱いた宝塚男役への憧れ、この劇団で、それも男役として舞台に立ちたいと、我れ、男になるのだ! と雷に打たれ、まさに電光石火のような予科、本科生活を過ごすのでした。そして恋をバネにガラリと方向を変えた私は、あの大劇場で男役スターになりたいと初めて本気の大きな夢を描いたのです。

なんで学生時代あんなに嫌がっていたのだろう? 私は何に嫌悪感を抱いていたのだろう? と日々分析もしました。私と同じような感覚を宝塚に、男役に持っている人がいたら、そんなもったいないことはないと、思いは夢の大海原へと奔流していました。もう誰もとめられない宝塚への遅ればせながらの情熱が迸《ほとばし》り、よし、では、あの観ず嫌い観て嫌いだった私の経験を活かし、男女共学から入った新たな男役像になるぞ！　と私は強く誓った。

しかし、私の身長は一六五センチですから、四〇年前の当時でも男役としてはそこまで高いわけではありませんでした。高身長の方が演じる王朝ものやコスチュームものなど、マントが長くなびいて高級なベルベット布地が大きく広がり、素敵なのです。ですから背の高低差は、入り口から私を男役!!　女役になるべき!?　なのかを左右する大きな要因でした。しかし、あの雷光に撃たれたような憧れの男役が諦められず、私は一六五センチで男役を目指し、ならば誰よりも現代的なスーツの似合う男役になろうと決意しました。男女共学だった経験を活かし、メイクも喋り方もトーンも、よりリアルな男性になろうと。その日から一五年、私は試行錯誤、現代的男役を目指した。やるならトップになってからにしたらという厳しいお言葉も日々頂き、幾度か頭を打ちつけ。苦しいやめたいを繰り返し、一五年目の秋にトップに就任し、一九九五年から花組トップとして念願だったリアルな男性を目指しました。日々、男性雑誌を買い、街で、店で、電車内で男性をウォッチング生活。休日には東京のＪＲ山手線をぐるぐる下車せず二・三周して過ごして男性を観察してみたり……。

そうこうしていたある時期、ファンの方の層にも変化が起こりました。ある日、なんと楽屋口でいわゆるギャルが待っていたのです。「まやみきー」ってギャーギャーガングロ友達と盛り上がる女子達や、「まや～、お菓子食べる～?」なんてポッケからその子なりの愛なるお菓子を出してきたり、本当に愉快な光景でした。古くから応援して下さっているファンの方々からは、この状況がどう映っているのか複雑な思いもありましたが、私の中ではギャルに受け入れられたことが、東京に受け入れられたも同然、少なくとも109渋谷道玄坂あたりではありな訳で、笑。とても衝撃的であり最高に喜ばしい出来事でした。

そして三年半が過ぎ退団となる時、宝塚史上初の武道館でのコンサートを実現。宝塚をイメージだけで決めつけて観ず嫌いの方々にも、チケットが入手困難で観た事のなかった方々にも、兎にも角にも、より多くの方に観て頂きたいと思い、一回に一万人集客するステージに挑みました。座席数の多い武道館でやれば、昔から応援して下さっている方々にも、初めての方々にも一斉に、宝塚苦手発の私が走った男役の集大成となるラストの舞台を見て頂けると思ったのでした。

そんな思いを当時のプロデューサーの久保孝満さんが大きく受け止めて下さり、即問い合わせたところ、サヨナラ公演の大阪と東京の間の二日間がポコッと武道館が空いていたという奇跡も重なり、コンサートの実施が叶いました。

プロデューサーは当時寝る暇もなかったつんく♂さん。幾多のご自身のコンサート経験から、動くお客さんを見たことのない私に、コンサートとは！　を0《ゼロ》から根気よく教えて下さいました。「マイク一本でコンサートトライしてもええんちゃう」というつんく♂さんに、「無理です無理です。私、動いて雰囲気出してなんぼなんです」という話し合いは、随分と埒《らち》が明かず続いた。結局、「ほんなら、お互い五〇歩ずつ譲って一人でマイクのみの場面とダンスシーンを劇団の子も入れてやろか」と提案して下さり、初の武道館コンサートは完成しました。

終えて分かったことは、思い切った挑戦は、とてもとても得難い感動と光景をもたらしてくれるということ。

「生まれてきて良かった」

こんなベタな熱いフレーズを本気で思わず言っていた自分にも驚きました。宝塚に入る前の感覚は、なんであんなメイクなんだろう？なんで王子や二枚目ばかりなんだろう？　と、なんでなんでのファーストインプレッション。入団してからは、その中性的な美しい世界に憧れながらも、自分にしか出来ない個性的な世界を目指しました。どうして!?　というシンプルな疑問は、信じられない程私の二〇年という長い年月の軸となっていました。

ファーストインプレッションは後々までも影響する大いなる力なのだと。劣等生イェーイ。

研究所の扉

私は一時期、手品にハマっていました。

今ではバーなどでお酒を楽しむとき、さりげなくコースターを使って友人を楽しませるぐらいですが。まだ劇団の頃、トップになった時のことを想像しながら「いつかのために、みんなと違うパフォーマンスを勉強しておかなければなぁ」なんて。なれるかどうかも約束されていないのに、漠然とそんなこと考えているお目出たい子どもでもありました。無知は時として最強です。

何故手品かと言うと、私は他の子達みたいに幼い頃から歌やダンス等、芸術の英才教育を受けていなかった。つまり、出発が遅かったのです。だから歌やダンス以外で少しでもみんなより出来る事を見つけなければと、私なりに思っていました。それが手品、という発想もどうかしているのですが、まあ、中学の時はバトン部で、ある程度の長さの棒を回すのは得意でしたので、あのバトンをステッキにかえて踊る手品であれば男役の黒燕尾服のとき、胸から粋にハンカチーフからステッキを出せてお洒落かなと、マジックの扉を叩いたのです。

みんなが日夜声楽や日舞、ダンス、演劇に精を出しているのを横目に、一人大阪梅田の手品教室に通う。

鮮やかで無駄がなく洒落ていて綺麗。そして不思議であり粋、なんて思い描いていた私の目の前に飛び込んできたのは、所狭しとあらゆるイリュージョンの用具が雑然と積み上げられた玄関。そこに、この方が本当にマジシャンなのだろうかと疑ってしまうほど地味で、前髪をゆらゆらと寝起きのように落とした中年男性が、「ちょっと待っててくださいね〜」と、鳩のフンが一面についた鳥籠下の新聞を替えている姿を目の当たりにした。それはこの仕事の苦労の多さと現実を思い知った瞬間でありました。表で夢を売っているお仕事ほど、舞台裏の現実は、いかに地味で地道な準備が必要な生活なのかと。

ホテルやテーマパーク、イベント、宝塚もしかり。夢を売る仕事ほど現実と向かい合い奮闘努力する。あの経験は私にとってエンターテインメントを知る、とても大切な扉だったのです。

新たな扉を開くとき

やっぱり私みたいな性格の人間には、大人になっても「卒業」があってよかったのだと、振り返ってみて深く思います。ある程度経験を積んで、もう自動操縦でも大丈夫かな、と思えるぐらい自分の中である程度男役の自信がついた頃、私は宝塚を卒団しました。

卒団後は舞台に行かれる方が多かったのですが、私の場合は、半端なく歌える、踊れるといった才能はなかったので、あえて映像の世界に飛び込みました。そんな理由じゃあ芝居に失礼だぞと今は深く思うのですが、真剣に考えても率直に言うとそんな気持ちでした。演じるということ、似ているようで全く知らない映像世界の芝居に惹かれる気持ちもありましたし。

唯一の演者としてのお守りのようなものは、宝塚音楽学校に入って間もない頃、授業後さらに個人レッスンに通う子もいたなかで、当時の音楽学校の演劇指導者だった宝塚歌劇団月組トップスターで、理事も務めた天津乙女さんの妹・雲野かよ子さんに、「あなたは個人レッスンに来ないほうがいいわ」と言われたこと。たしかまだ一六歳。その言葉に、この分野もだめか……と落胆していた私……。なんせ四〇人中三七番をいただいてしまった劣等生ですから、この手の言葉をプラスに捉えにくく……。ですがよくよくお話を聞いてみると、「あなたは、面白い個性を持っているから。型にはまるようなことを教わらないほうが良いのでは」というニュアンスのことをおっしゃって下さっていました。私の中で「個性」という言葉がきらりと光った、一六歳の出来事でした。

青 春

その時の成績は四〇人中三七番ですから、母も父も失笑と言いますか、「まあこんなものね。カエルの子はカエルよ」という母らしい慰め方……。そして「もうすこしでブービーじゃないか」と笑いながら言ってくる父。どれだけゴルフ好きよ……と思いながらも、学校や社会の成績にもブービーというユーモア賞があれば、深刻なメンタルも救われる人が多いのではと父の言葉に時折感心してみたり……カエルの子はカエル……確かに両親がそんな風だったおかげで、あまり劣等感を深刻に捉えないカエルで済んだのかもしれません。あの時ほど、「娘に過剰な期待をしない、普通のサラリーマンの家に生まれてよかった」と思ったことはありません。結果、私はかよ子先生の言葉を信じて、退団するまでの二〇年間、一度も演劇は教わりませんでした。

他の授業はお話するまでもなく、惨憺たる状態ではありましたが、やはり演劇だけはかよ子先生の言葉が幸いしたのか、ありがたいことに二年目の音楽学校本科での成績は二番をいただきました。久しぶりに見た一桁、先生に深い深い感謝が込み上げました。

思えば小学校の頃、母に怒られると思いながらも水色のギンガムチェックの長袖のシャツの上からTシャツを来て、母のいるキッチンに行った時、「あら、面白い着方でいいじゃない」と思いがけず褒められたことがありました。自信はないけど、何か自分にしかできない表現を求めてダメ元の精神でまずトライするポジティブさは、こうした何気ない日常で人に誉めてもらった言葉の積み重ね。今までと同じ舞台の世界ではなく新しく映像という世界に飛び込んでみようと思ったのも、そんな開眼に憧れた勇気からでした。

結果、それは私にとってはとても良い選択だった……と思いたい、笑。

今も芝居の難しさに粒粒辛苦しながらも、もしあのまま宝塚の延長で舞台に行っていたら、私は無難に存在、または存在していなかったと思います。

刺激こそ私の原動力。そして、人からいただいた一つの言葉が持つ力、その言葉を信じる事は、ありふれた自分の人生にまじないをかけるのです。

直感を信じる勇気、それは、あの水色のギンガムチェックの長袖の上にTシャツを着た日。そしてかよ子先生に言葉をかけて頂いた日から、私の自信のなかった人生は低空飛行ながらも大空にスタートした気がしています。期待されなかったから持てた自由という大きな武器で……あの言葉はきっと、劣等生発でなかったら響いていなかったことでしょう。

その男、共犯につき

昔から結婚するタイミングに、鐘が鳴るとか、ビビッと来たとか色々な表現がありますが、退団のタイミングを報せる鐘もあるような気がしています。勿論涼やかな誘いの音が聞こえてくるわけではないのですが、自分の中で納得が頂点に達した時に、人は直感、予感のような、自然と自分だけに「今だ」と聞こえる確信の鐘があるのだと思います。それは次なるステージに向かう扉を開ける音。または、今居る世界に勇気を持って別れを告げる足音なのかも。私もあの時は、どこから来たのか分からない、でも揺るぎない鐘の音に後押しされ、迷いなく退団を決意しました。

退団の意思は一年半位前に劇団には伝え、私にしかできないようなラストを敢えてやらせて頂きたいと申し出た。篠山紀信さんとの写真集や先ほどお話した武道館コンサートなど、日程がない中バタバタでしたが、ラストのラストまで劣等生発、宝塚の異端児しかできない事をトライしたかったし、そんな私を毎回随時会議にかけながらも、それでも挑戦させてくれた宝塚歌劇団に少しでも貢献したいという思いも溢れていました。そして何よりヤンチャな私を信じ支えて下さったファンの皆様への感謝の気持ちが、ラストまで挑戦したいと私の心を突き動かしていました。

去り際美しく。掉尾《とうび》を飾る。有終の美を飾る。

日本には美しい言葉が多く棲んでいますね。

異端性強めの私が、これらの言葉に納まりますかは別として……。

何でも物事は始まる時よりお終いにする事の方が難しいと、大人になった今、特に感じています。最後まで一つのことを成し遂げることも。習い事や人間関係も気がつけば途中で終わらせていたり、若い頃は忙しさに紛れて言い訳していた私。今、広く浅くから一新して、まず周りに居てくれる人達を良き時も、悪しき時は多めに大切にしたいと思っています。そして私もその人の人生の節目を見とどけ寄り添っていきたいです。

退団の日が決まり大きな挑戦をして宝塚を去ろうと思った私は、当時の花組プロデューサーであった久保孝満さんと話し合いました。さきほどの武道館です。宝塚初の試みでした。今考えると、「傲っていたなあ」とも思いますが、あの時は、これから宝塚を目指す人たちをもっと増やしたかったし、今いる後輩たちのためにも、何か新しい風を吹かせながら去っていきたいと。

こんな風に書くとイノベーションを一人でおこしたように聞こえますが、ほんのわずかな人数ですが、「ミキが今思ってる事をやるべき」と日夜語り合ってくれたスタッフや仲間が私を支え守ってくれました。中でも、この久保孝満さんには特に感謝を今世終わる日まで深くしたい私です。先日、実家を片づけていたら久保さんから頂いた手紙が私の机の引き出しの隅から出てきた。一瞬にしてよみがえる温度と共に、あの頃気づかなかった当時の私達の革命を見た気がしました。正に彼は悔しさや喜びをわかち合ってくれる盟友であり、名プロデューサーでした。

宝塚に入ってから感じていた、伝統の継承や同調の不自由さみたいなものを取り払いたいと思っていた私を、篠山紀信さんの写真集のときも、いつもフォローしつつ共に邁進して下さった。彼の口ぐせは「みき、

青 春

短気は損気、悔しくてもがまんして」でした。そんな久保さんがある日私よりキレてお偉い方々に檄を飛ばした。「彼女は今後の宝塚を見据えて挑戦しようとしているのです。わかりませんか?」と。上層部の部屋を出た後、私はこみあげる涙の中、「久保さん……短気は損気だよ……」とポツリと言うのが必死でした。私の退団する一九九八年あたりは宝塚が五組に増えた時期でもあったので、一組くらい未来を試みる組、実験組といいますか、大正時代から続いている宝塚でも、まだ先人達が踏み込んでいなかった新たな道が時代と共にあるのではないかと思っていた事が、唯一この退団時に大きく私の心を揺さぶっていました。

今、私にしかできない事、一番魅力的に輝ける場所。より適した場所を見つけ、兎に角、今まで見た事のない重い扉を開けてみたかった。

自身の人生でそう何回もないような覚悟する時代、こうした勇敢な心中をしてくれるような人が現れてくれるから、私は神さまはいると信じている。その後いただいた久保さんからの手紙は、今読んでも、感動より本当にご苦労をおかけしましたと思う内容で、何度も何度も頭を下げながら読み返しています。

13:45

朱夏

人生の休息は突然に

宝塚に二〇年という時を費やし、映像の世界にやってきた私。正直、それはそれは生半可な気持ちで移行できる世界ではなく、全てが異なる社会でした。同じ芝居というジャンルで、舞台芝居から映像芝居に移った私。運よくいただいたお仕事も、カメラが怖くて怖くて芝居に集中できない日々。お客様が目の前にいて、俯瞰的な届け方を意識に入れた大劇場芝居とは異なる、寄りのリアルな距離での会話が求められる映像の芝居は、私の中でとてつもなく難しく、別世界そのものでした。日に日に自信喪失になり、そして自己嫌悪へと変化していきました。そして自分の歩んできた二〇年間の舞台生活を悔やみ、宝塚男役で培った一つ一つの財産をことごとく否定したものでした。その後鬱々と……気づけば人生から滑落した人のように、私はうつ病になっていました。この、楽天家であると思っていた私が鬱とは信じがたい、急な人生の出来事です。

そう書いておりますが、当時は自身がうつ病とは気づかず数年してからラジオを聴いていた時、うつ病だった方がゲストで話されていた内容が全く自身の症状と同じで気づいた次第。心が停止してしまい、外に出る気もなくなり、心配した友人の「たまには会って、美味しい食事しない?」というあたたかい呼びかけにも、「忙しくて……」と嘘をつくように。人に会うなんてとんでもない、何せ一人で外に出る気にもなれないのに……。お化粧して人と楽しく会話なんて到底無理で、自分を頑張ってつくらなければ出来ない。心が病み、自分に篭ってグルグルと埒のあかないことを常に考え、苦しくて、だから何も考えたくなくなり、感情を捨てる。寝ている時が、考えなくて済むので唯一楽でした。だから家の中というより私はほぼベッドの中に住んでいました。心も気持ちも空虚化させ、まるでこの世に存在しない自分を形成していたようです。

二年半位でしょうか。私は少しずつ、少しずつ、家で一人でできることをし、唯一英語の先生をお家にお招きしていました。イギリス出身の女性の先生で、全く現実離れした英語は耳心地がよかった。彼女は新たな扉を開け、イギリスの文化なども教えてくれました。彼女を通して久しぶりに外気を吸っているような日々は、年月を重ね少しずつ人間らしい自分を思い出すようでした。まるでお布団の埃をお日様の下で叩くように、自然の空気に少しずつふれ、ゆっくりだけど、もう一度生まれ変わったように生きてみようと思えた。強い自分、弱い自分、私は色々な自分を、お陰様で知っています。

心に疲れを感じる方は、今まで頑張って走ってきたのですね。人生は長距離マラソンのよう。だから転んだって休んだっていいんです。大切なのは自分らしいペース配分であり、ああ大変だったけど気持ちよかったと完走することなのだと、今はそう思えてなりません。

私と役の間

朱夏

NHK大阪放送局の朝ドラに出演した時、東京の家庭を離れて一〇カ月ほど大阪で暮らしました。普段地方ロケの場合はホテルから撮影現場に向かうことが多いのですが、その時はあえてワンルームマンションに住まわせて頂くことに。いただいた役がバリバリの仕事人間の母親役でしたから、別にホテル住まいでも良いわけですが、炊事と洗濯をするのが当たり前の暮らしの中、毎日バタバタと家を出るその母親の感覚を味わいながら撮影所に向かいたいと思ってのことでした。

そこでの暮らしは、おかげさまで本当に心地よい時間になりました。地域特有の珍しい食材を前に、「さてさて、これを今夜はどんな風に調理したら一番美味しく食べられるのかな？」と思考しながら台所に立つのは楽しく、現場との区切りもついて合理的かつクリエイティブだと感じることも多かったです。そこは食器など全て備え付けだったので必要最低限の暮らし。なんだか一七才くらいの、初めて「生活」というものを始めた頃の自分を思い出して、気持ちがピンと清々しく高揚したことを覚えています。何も買い足す欲もなく、ただただ撮影する、食する、寝るを繰り返す月日。この時だけはミニマリストの感覚を味わい大変気持ちのいいものでした。やるべき事がシンプルに見えてくるというか。でもそれはもしかしたら、普段たくさんのものに囲まれた実際の生活があるからかもしれない、と苦笑もしたり。

普段暮らしている有機的な家、そして仮住まいの無機的な空間。それは既婚と独身のように互いに良さがあり、かつその真逆の淋しさもあると申しますか。そんなことも感じながら、撮影帰りにお花屋さんに寄って、無機の中に有機をちりばめておりました。まるで役と自分の関係のように、そうやって自然とバランスを取っていた気がしています。

人は自然と馴染む力がある、足りないものを自然と欲する力がある。何でもある便利な時代だからこそ、本当に自分が欲するものは何なのか、五感を研ぎ澄ませたい私がいます。

朱夏

コミュニケーション

グループLINEは、一つの事柄からあらゆる返信が一斉にうかがえるので、他の方のリアクションの仕方もとても勉強になりますね。忙しい時には返信そのものが人数いるだけに頻繁になって焦る事も互いにあるけど、個人個人の知識も飛び交い、為になる事も多い私です。

特に年代が少し離れた人たちとのグループLINEは中々興味深く、同世代の方とのやり取りとの違いが際立ち世代を感じます。それは現代を生きる若者たちは空気を読むことに長けているから。誰か一人が返事をした後にダダダーと続くといいますか、暗黙のルールがあるのか感覚なのか、みんな既読なのは明らかでも、一瞬その場の空気を見ていると言いますか。一方私は、そんな風潮を覆すが如く「みんなも返事よろしく〜」なんてあえて投げかけてみたり。ウザイなあと思われているかもだけど、笑、あえて昭和なコミュニティーを私も広げてみる。あくまでも言い方を軽やかにするなど気をつけつつですが。

私は空気を読むことは人間関係を良くする場合もあると思うと共に、八人いれば八つの意見があっていいと常に思っています。時に業務連絡の場として活用することもありますが、それ以外はほとんど様々な意見が飛び出したら楽しいのになと。なぜなら私は、自身の経験からも、いじめの構造は周りが空気を読むところから始まることを実感したことがあるから。だから私は敢えて極力同調圧力を読む側に回らないよう心がけています。お陰でボコボコやられてきましたが、幼少の頃から今もですが、あの人は「こんな事する人なんだよ」周りの子ども達は「ひどいね」と相手の言い分も聞かずに悪い目つきになる。

こんな展開の場をどれほど転校してきた私は見聞きした事でしょう。その度に「私にはいい人だよ」なんて本音を言ってしまうものだから、次はコイツだなぁという空気になったこともしばしば。実際、大人になった今もたまにあります。マウントをとりたがる人はどの社会にも社内にも家庭にも存在するから。しかしながら問題はこの周りで空気を読んでいる子たちの同調。それがきっかけで誰かに疎外感を味わわせてしまっているケースはよくあると思っています。忖度してしまう。で思う事は、私ももう還暦ですし、この辺りで心自由に、「えっ」と思うようなはきちがえた正義感をかざしてくる人には「お相手の意見は聞きました?」とサラリと聞いてみようと思います。今まで、ここはひるんでしまっていたのですが、まだまだ大人しくなれない私がいるようです。くわばらくわばら。まずは空気を読みすぎず、コミュニケーションは取りながら、自分の考え、意見をプレゼンするグループLINEのような大人数での掛け合いの場から少しずつ自分らしさ、ちょっとした言葉選びを楽しむ事から始めたいですね。いい距離感でカジュアルに自分らしく。そしてふと思う、五〇年後、一〇〇年後は、LINEやSNSはどのような存在になっているのだろう。

不便から見える風景

コロナ禍になり、ドラマロケが許される場所が非常に限られていたので、振り返るとスタッフさんたちは本当に大変だったことと思います。医療ものはなおさら。病院はもちろんお借りできないので、学校を貸し切り、校舎を使わない日曜日だけ全て病院の設備に変えて撮

朱夏

影しました。手すりをしつらえ、表示されている案内板をきずつけないようにしながら病院らしき表示に全て細かく変えていくのですから、美術さんたちの苦労は計り知れません。天候が読めない上に場所も限られてくると、脚本に書かれた設定が実現不可能になり、急遽変更するなんてことも出てきました。私達役者も、どんな場面でも柔軟さを試され、鍛えられる毎日でした。

コロナ禍。その辛く重く苦しい響き……。今まで生きて、半世紀ものあいだ色々経験させてもらってもなお、世界が震撼する時代が来るのですから、いくつになっても解ったような生き方は傲りであり、筋肉と思っていたら脂肪なのだと気付かされるようです。だからこの起こった事実にどう動き、何を思うのかが何より大切であり、試されているのだと感じます。

現にこの二、三年、私は初めて自分とじっくり向き合い自分の器を知ることができたから。お礼は決して言いたくないけど、あえて言うならば、手をそっと合わせた感覚に似ているように思います。

本番、非番

刺激を得るために、意識的に色々探求したいと日々思っています。芸能ごとは人の形振りや所作をダイレクトに見ることができるのが一つの特徴。舞台なら尚更。でも映像の仕事も、現場でその方が本番に入る前の準備、そして迎える本番にどのように挑むのかをそばで見ることができます。そして、放送、上映された作品なら、リアルタイムや動画配信も昨今普及が進み、どう仕上がったかをいつでも観ることができます。

ところで、私にとって異文化の方、例えば飲食業の方や会社員の方、公務員の方、そして専業主婦の方等々は、皆さんどのような日常を送られているのだろう。役者としては、お話をじっくりお聞きして数日間行動を共にしたい衝動にかられます。そのような役をいただいたらなおさら。仕事の流儀はもちろん、日々の喜びや、葛藤をどうやりすごし、どんなヴィジョン描いているのかぜひ伺ってみたいです。

俳優をさせていただいていると人が愛しくなるのですが、時に哀しく、醜く、自分への嫌悪も半端なく押し寄せてくる時間があります。現に親を見送る病室でも葬儀でもこの今の感情を心に刻めと自分を更に過酷に追いやる事もしました。別れに集中しているのかいないのか、自己嫌悪も深まるばかりです。こんなに苦しいのならと、正直辞めたくなるときも幾度となくあります。でも、役作りの刺激を得るためもありますが、もっともっと人を、世の中を知りたいという根源的な欲求に突き動かされてきている自分にも気づかされます。知的好奇心と言えば聞こえは良いのですが……。大人になると自然と湧き上がる感情なのでしょうか。役に出会う度、実はどの職業にも一貫するものが根底に流れていることにも気づかされるのです。どんな職業にも、主婦の方にも、「ここ一番」という肝の座った本番みたいな時間があること。役者ならば、オファーをもらった瞬間、台本を開いた瞬間、そして何より一人の人物に成りきる本番と段階を経て挑むわけですが、企業に勤めるビジネスパーソンなら、それらはプレゼンや企画にあたるのでしょうか。それに向かってどんな風に準備していくのだろう。その日はどんな服装を選び、揺られる通勤電車の中、何を思うの

だろう。たくさんの異なる職の方々に聞いてみたいのです。出来ばえの割合は？　勝負服はある？　等々、想像が膨らみます。

　私自身もオーディションなど受かった時の服は、流行が過ぎていてもしっかりとっておいてここぞという時に再び着たり、出来栄えの良い割合も簡単には上がらずもがく事も多い訳で、他業種の方々に思いを馳せながらも、みんな頑張れ、私も踏ん張れと願う夜も多いのです。

　それぞれの環境で暮らす人の気持ちを知る。何と大それた職なのでしょう。だから役者が辞められないのかもしれません。私自身もそんなさまざまな皆さんが生きる世界を疑似体験し、励まされる日々です。そしてやっぱり、人が愛おしいのです。

朱夏

日々是精進なり

ドラマをしながら映画にイベントにCMと、同時期に撮影ということが多々あります。一つの役にしっかりと取り組むために、事務所もちゃんとスケジュールを調整してくれているのですが、コロナ禍で少しずつどちらかのスケジュールがずれていき、結果的に時期が重なったことも。そういうときに限って共演者の役名が似ていたり、役どころが重なっていたりと、頭の中が混乱することもしばしば。ついつい全く関係のないところを覚え出していて、しばらく台本を読み進めてふと、「あれ？　私の役、こんなに明るいキャラクターだったかな」と気がついたり。えっと明日の仕事は何だっけ？　と資料を調べ直したり。いったい自分の脳はどれくらいのキャパシティがあるのか、どれくらいの負荷に堪えられるのか。忍耐力とか持久力とか、体力、精神力は勿論ですが、実のところシンプルに、フレキシブルな自分がいるかどうか試されている気がします。

私の場合、二、三〇代は、今思えばまだ自己中心的な自己愛が強い時期でした。仕事を持っている人なら、「自分を評価してほしい」という思いで突き進んでいる時期でしょうし、家庭に入っている人なら、家族を幸せにするために自分に何ができるのか工夫されていらっしゃる年代だと思います。みんな、何かにチャレンジしている時だから、トライ年代っていうのは、変化に敏感になっていいと思うのです。

でもそこから二〇年、三〇年と経った五〇代になると、今まで何を経験してきたかが問われる気がしています。実際何かが起こってもパニックにならなくなったのは、経験というもう一人の自分が事態を俯瞰で見るようになってきたからだと思います。良きときも悪きときも。年を重ねることは衰えるだけではなくより良い自分に出会おうと進化を続けることなのですね。良き時はあの方々のお陰だなと思いを馳せるし、最悪な事態はいかに冷静に片付けようかと己の腕試し。そしてそれが穏やかに叶ったときの至福といったら、君も何だかんだ成長したなと自身に誇りも生まれるようです。二〇代の頃はあんなに「私は一人で頑張ってきたんだもん」という、実は自信がないからこそ自分を鼓舞してきた弱さも、いつしか年齢と共に、私は沢山の素晴らしい人に出会えた幸運で今ここに、と心から思えるのですから、歳を重ねることは愛おしく人生はやはり素晴らしくあたたかいです。一つのことを捉える知識が増えると同時に笑いジワも共に増えている気がしますが、生きてきた誇りの刻印のようでいいじゃないですか。

朱夏

メンテナンスの大切さ

二〇二一年から、新国立劇場で「こつこつプロジェクト」という演劇の取り組みが始まりました。これにはかなり刺激を受けました。一年間、一つの作品を参加者同士で、ああでもないこうでもないと、まずはミーティングを重ねに重ね、半年経ったくらいからようやく段々と立ってリハーサルの形をつくり、三、四か月ごとに試演を重ね、その都度、演出家と芸術監督、制作スタッフも観客となり協議を重ね、作品がどの方向に育っていくのか、そしてその先にどのような可能性が見えてくるのかを見極めていくプロジェクトなのです。

私はその二期目に参加させてもらったのですが、一年間、同じ題材をこつこつ勉強し積み上げていくと、演者、そして演出家がどのように思考し変化するのかを間近に見ることができました。私は本番の仕事も重なる中でしたが、新人からベテランまで幅広い世代が一緒に参加することの意味や、芝居に入る前の大切なこと、まず何より一人一人の共演者へのリスペクトを高めることがいかに大切か、作品に対する思い思いの考えを常に発言しあうことがいかに肝心なのかということを学びました。まるで大学に通うような刺激的な一回一回でありー年間でした。

この経験を経て、オリンピックで圧倒的に強かった柔道の井上康生さんのコメントが私の中で重なりました。「どうして柔道であんなに金がとれたのでしょう?」と聞くインタビュアーの問いに、「一つの要因として、最近の柔道が根性論を前提としなくなったからだと思います。しっかりお互いを高め合い、技術をこつこつ積み上げていく。そういったことの先に結果があるのだと思います」と答えていらっしゃったのです。スポーツと演劇の違いはあれども、人としてお互いがしっかり向き合うことの素晴らしさ。名前が売れていようが、新人であろうが、変な遠慮も固定観念もなくていい。そういうものを全て取り払う。そんなカリキュラムが、もっとこれから様々な世界に広がることを願いつつ、私自身も根本となる軸の部分を突き動かされ整えられるものがありました。車じゃないですが、腰を据えて生涯可動させたいものには、錆びつかせないようなメンテナンス、原点を見つめる時間が、経験を積めば積むほど必要なのだと、切に思いました。

イメージというもう一人の私

最近思うこと。何かにつけ賛同する人たち、そしてSNS等でとことん批判する人たち、世の中の意見がいつからか、自身に関係ない事でも善か悪かジャッジする様な風潮になっている。事件や事故は勿論別として、スクープや噂レベルの話だと、同調圧力でみんながドドドと同じ方向に流れどんどん加速してゆく活字たち。真実なんて全て当事者にしかわからないのに、他人が今、見聞きした事だけで他人を決めつけさばくのは危険であり正直要らぬお節介。そこで思うのはSNSなどのカキコミも、自身でも気づいていないストレス発散のはけ口になっていないか、ということ。この情報過多な時代とストレスの関係性について、今一度しっかりと自身に問いたいものです。

朱夏

度合いは違えども、私も日々イメージで悩む時があります。決めつけるようなものの捉え方をされると少々困惑することも。この間は知らない方が急に笑って近づいてきて「ものまねとかされて嫌じゃないですか？」とおっしゃったので、「ものまねより、初対面の方とこういう会話から始まることが淋しいですかね」と笑顔でサラリと私も返してみました。

ある日は、「踊る大捜査線のイメージが強いんですが、普段からそういう上からなんですか？」と横の席で食事していた中年男性に急に言われたので、「知ってます？　あの役を作られたのは、男性なんですよ。男性にとっての女性キャリアのイメージは、上からしかないのですかね？」と逆に質問返ししてみた。見知らぬ人と、こんなトークから始まるのは、やはり役のイメージや、人によって作られた既成概念があるからなのでしょうか。私にもなかなかストレスフルな日々があり、そんな葛藤があるので、ついこんなことを書きましたが、あの作品がなかったら、私が役者として世に出ることはかなり可能性として低かったわけですから、先ほどみたいな場面に遭遇し私なりの言葉が出た後は、いつも決まって「ああ、あの時もっと粋なリアクションができていたらなあ」「話しかけて下さったのに悪かったなぁ」と、私自身反省もします。

そんなとき思い出す「さすがだなあ」と脱帽したお話を一つ。ニューヨークを旅した知人から聞いた話です。ある日セントラルパークで彼女が歩いていたら、リチャード・ギアにばったり遭遇したそう。さすがニューヨーク。つい「Are you Richard Gere?」と聞いたところ、彼は何食わぬ顔ですれ違った後、振り返り、「Sometime」と笑顔で颯爽と去ったのだそうです。お洒落でしょ？　世界レベルの彼と比較するのもおかしな話ですが、これまで「宝塚の人ですよね」「階段、降りてた人でしょう？」「テレビの人ですよね」「踊る大捜査線の人ですよね」「諦めないで」と、こんな呼ばれ方を二五年くらいされ続けておりまして。今は、次の扉が開いたようで「オリンピックの棟梁ですよね」、そして面白いところでは、大河のことなのでしょう、「戦国やってた方ですよね!?」(な訳ない！　笑) に変わり始めました。

最近は、どんな言葉も楽しく受け止めるようにしています。自分も逆の立場だったら印象深い言葉を発しているかもしれないから。だから人の言葉に一喜一憂せず、心を上げたり下げたりしない不動な心の自分をつくろうと、目下心の筋トレをしています。

離れていたからこそ

朱夏

これ、私だけのやり方かもしれないのですが、私は退団後、宝塚歌劇団出身の人たちとできるだけ会わないようにしていました。意識的に控えていたというか。と言うのも私、楽しい方に転がってしまうタイプなのを重々承知しているので、宝塚のメンバーと会ったら辞めた事さえどこへやらで、仲間たちと毎日ワチャワチャと談話談笑するに違いない、と想像できたからです。だから映像の世界に行きたいと思った時に、自分の中で楽とか心地いいとかいうものは全部遮断し進む覚悟をしました。

ファンのみなさんも、その頃頻繁に「舞台をやってください」と言って下さっていてありがたかったのだけど、そのお気持ちもそっと心の奥に仕舞わせていただきました。世に言う願掛けのコーヒー断ちやお酒断ち又、凄いところでは「春日局の薬断ち」なんて話も聞いたことがある（いやはや恐れ多いが……）。それと私が似たような心情だったかはさておき、それぐらい、修行の身にならないと、自分を律しないと、長年の、この身体に声に指先にまで宿ったあの二〇年間の日々は、色濃く浮きあがる刻印のように私の心に焼きついたままでした。

だから鬱になったとも言えますが、あれから約二五年が経ち、私は数年前から時々多様性（男性的）という新たな表現を楽しんでいます。決してあの頃に戻るのではなく、四半世紀ほどの時を経て私の辿り着いた場所であり一通過点なのだと思います。しかし、まさか又スーツを普通に普段も着るような日がやってくるとは全く想像していませんでした。人生って自身でも予測できなくて面白いですね。マニッシュに

POST CARD

料金受取人払郵便

小石川局承認

7741

差出有効期間
2025年
6月30日まで
(切手不要)

112-8790

127

東京都文京区千石4-39-17

株式会社　産業編集センター

出版部　行

★この度はご購読をありがとうございました。
お預かりした個人情報は、今後の本作りの参考にさせていただきます。
お客様の個人情報は法律で定められている場合を除き、ご本人の同意を得ず第三者に提供することはありません。また、個人情報管理の業務委託はいたしません。詳細につきましては、「個人情報問合せ窓口」(TEL：03-5395-5311〈平日 10:00 ～ 17:00〉)にお問い合わせいただくか「個人情報の取り扱いについて」(http://www.shc.co.jp/company/privacy/)をご確認ください。

※上記ご確認いただき、ご承諾いただける方は下記にご記入の上、ご送付ください。

株式会社 産業編集センター　個人情報保護管理者

氏　名《ふりがな》

(男・女／　　　歳)

ご住所　〒

TEL：	E-mail：

新刊情報を DM・メールなどでご案内してもよろしいですか？	□可　□不可
ご感想を広告などに使用してもよろしいですか？	□実名で可　□匿名で可　□不可

ご購入ありがとうございました。ぜひご意見をお聞かせください。

■ お買い上げいただいた本のタイトル

ご購入日：　　　年　　月　　日　　書店名：

■ 本書をどうやってお知りになりましたか？

□ 書店で実物を見て
□ 新聞・雑誌・ウェブサイト（媒体名　　　　　　　　　　　　　　　）
□ テレビ・ラジオ（番組名　　　　　　　　　　　　　　　）
□ その他（　　　　　　　　　　　　　　　）

■ お買い求めの動機を教えてください（複数回答可）

□ タイトル　□ 著者　□ 帯　□ 装丁　□ テーマ　□ 内容　□ 広告・書評
□ その他（　　　　　　　　　　　　　　　）

■ 本書へのご意見・ご感想をお聞かせください

■ よくご覧になる新聞、雑誌、ウェブサイト、テレビ、
よくお聞きになるラジオなどを教えてください

■ ご興味をお持ちのテーマや人物などを教えてください

ご記入ありがとうございました。

生きる。それはしっかりと男役から離れたから見えてきた私らしさの表現なのだと思います。

朱夏

最長三日

オリンピックの開会式のお話は、事務所を通してある日やってきました。「やります」という返事までに、私は「三日考えさせてください」とお願いしました。重要な決断を迫られた時昔から私は、三日を自処にしています。たまに二日しかいただけない時もありますが、三日もあれば充分。考えて寝て起きて考えて寝て起きてを二回も経たら、だいたい気持ちは固まっています。

初めて話を聞いてその場で思った感触と結果的には変わらない場合もあるのだけれど、話をいただいた直後だと「いただいたという行為に応えたい」という思いが乗り、家に帰ってもう少し冷静な判断でも良かったのでは!? おひとよししちゃったと思うこともしばしば。ですから、大事な事ほど絶対にやりたいと飛びつきたいことでも、できれば「一回持って帰る」行為はとても大切だと思っています。持って帰ったまま返事をしないのはまったくナンセンスですが……。「持ち帰らせてくださいの二、三日」は、大人になってから特に重要だと思うようになりました。日数をいただいた以上は、その二、三日は色んな角度や側面から想像し最悪な事態に陥った時なども想定し、それでもやりたいかを自分に問う。そして又、とにかく考えるのです。あんまり考えてしまうと寝入りが悪くなって寝不足も続き良くないのですが、それでも人生の中でこれはという決断はそうある事ではありません。だから熟考することは未来の自分に失礼のない行為だと思っています。あとは勘。それでも答えが五分五分の時などは、この人の意見だけは聞いておきたいという人に相談をしたりして。オリンピックの開会式の場合は他言無用でしたから、自分の中だけで決めましたが、どうしてもの時は立場の異なる三人の方にどう思うか、聞くようにしています。私にとって「三」という数字は何だかほどよく心地よいようです。

そう言えば三思後行《さんしこうこう》という言葉もありますね。元は慎重になり過ぎると何事も断行できないという戒めの言葉だったようですが、今では浅はかな行為を戒める、三《み》たび思いて後《のち》に行う、という意味だとか。

どちらにせよご自身の中の心地よい数字を見つけることは、自身の背中を押してくれる行為であり、覚悟の宿る時間なのだと思うのです。お試しあれ。

根拠のない……

朱夏

三年前の夏、私はオリンピックに出ることになりました！　東京2020オリンピック開会式の本番にたどり着くまで、バタバタと変更も多く不思議なことがたくさん起こりました。

そしていよいよ当日、自分の出演時間になり、法被の帯をピシリと締め、そして会場に出ていきまして、さあさあ、ここからは人生で一、二を争うであろう度胸試し、肝試し！　と、祈る心地で前進した二メートル位のセンター台。まずはピリッと一人立ち、そして棟梁を表現するようなパリッとした心で正面に見得を切った。一振り、二振り。そして次へとポーズを変えたその瞬間、嘘みたいに、大きなカナブンが、あわや口に入るくらいの勢いで私にぶつかってきた！　カサカサカサという羽の音を私の頬あたりで激しく立てて！　歌手の方だったら口の中に入っていたんじゃないかと思うくらいの高速スピードでした。約六万人は集客できるという新国立競技場のあの広い広い会場の中で、どうして幅一メートルにも満たない私を目掛けて体当たり？その直後パラパラと小雨まで降ってきて、ほんの刹那ではありましたが、自分の運を疑いました。「お願いですから神様……。今だけ、ほんの数分だけ守って下さい。そして私に平常心をください！」と、私は思わず国立競技場の天井から抜けて見える天を本番で仰ぎました。

思えばこれまでの人生、私は運だけできたような人なのです。残念ながら、どこを叩いても天才的な部分はなく、秀才と言えるほどの努力もできず、言うならばざっくりした感性、そしてありがたいことに運で何かをいただいてきた。宝塚男役トップスターがいい例で下から三番目の成績をおめでたくとった劣等生が数年後、組を率いているなんてありえない快挙であるし、又、大検受験の時も、気になって朝読み返していた所が試験に思いきり出たり、アーケード街のくじ引きも幼い頃からよく一等や二等が当たり、私が通る日はカランカランと鐘が響いたものでした。劇団でまだ名も売れていない頃はフラリと寄った尼崎のつかしんというショッピングセンターで、急いでいる中、三輪そうめん一年分が当たり、マイクで紹介された事もあった。男役きどりでかっこつけていただけに、「三輪そうめん、どなたか食べたいですか?」なんて質問に逃げ出したい心境だった……。

そしてこのオリンピックも。みなさんもご存知のように、一つ目のプロジェクトがなくなり、次に組まれたプロジェクトも開催の年に無くなり、そして開催寸前になってやっと三度目に組まれたプロジェクトになり、そこから私は急遽よばれたのだ。「どんなところからオファーが来るの？」「どうやったら出演できるの？」なんて、当時は羨ましがられているのか、何故貴方!?　と言われているのかは定かではないけれど、そんな質問が、同職の方々からも飛んできた。

しかしこの問いを誰よりもしたかったのは、正真正銘この私で、その真相を知る由もない。唯一心当たりがあるとしたら、その年のお正月から着物姿の私が出演していたCMがTVで流れ出していたタイミングだったので、悩みに悩んだ制作の方々が、ふとテレビを見たら私が映っていて、着物!?　とそこで閃いた。そんな事ではないのかと推理したものだった。つまりシンプルに私は運によって輝かせてもらってきたのだ。

どなたに感謝をいたしましょう。と言えば選んで下さった方と、やはり神様としか考えにくい。そうなんです。人より波瀾万丈な人生を歩んでいますが、運と言うありがたい船にもたまに乗せていただいています。

キャンドル

なかなか自分と向き合えない今、自然と孤独になって自分と向き合う時間を持つことになったのは、やはりコロナ禍に要因があったと思います。私もできる限り自分を見つめる時間を作るようにしていました。この「自分と向き合うための時間」は、情報や物で溢れるこの時代、本当に重要だったと思っています。

岡江久美子さんは皆様もご存じの通り、コロナ感染によって旅立た

朱夏

れました。とても仲良くして下さっていたので、本当に信じがたい思いを今も持っています。先日も舞台チケットが二枚あるから岡江さんを誘って……なんて普通に考えていたり、どうやらこれは受け入れるまでにとても永い時間を必要とする出来事なのです。世代は少し上の岡江さんでしたが、私の人生で友人となる有り難い存在でした。「今からこんな事したい老後はさぁー」なんて話す程まだライフプランを笑って話しているような世代だったから、こんな風に急に彼女を失い、正直、岡江さんがいなくなった半年ぐらいの間は、私はある意味どうやって生活していたのか、実際は生きていなかったように感じています。

かろうじて生きていられたのは、撮影が続いていたから。素の自分に戻ると、毎秒彼女のことを考えてしまっていた時期がかなり長く続きましたから、役によって私は違う世界に行く。皮肉なことですが、役者であることに本当に助けられていたのです。

もちろん救われたのは、あくまでも限られた時間での表面上であって、ただただ埋没していく自分を役が救ってくれたというだけ、なんとか穴から這い上がるために手をかける場所があったというだけで、彼女がいなくなったという事実に変わりはなく、寂しさが波のように押し寄せ、今もまだまだ慣れない日々を重ねています。彼女の命日に毎年近しい人で集まり彼女の温度を思い出しています。明るい人は、いつまでも、そこに形はなくても、温かく存在するから不思議です。皆で「きっと今、久美ちゃんだったら……！」と笑いまでしっかりとってくれて……。

人生の中で経験したことのない痛みを、俳優の先輩は私に教えてくれました。そして、あたたかい人柄は存在なくても灯り宿ることを。

朱夏

まごころ

私の担当をして下さってる事務所の統括マネージャー、水井さんのプレゼントは毎回とってもセンスがよく、想像力をフルに働かせて下さったのがよくわかるものばかり。例えば私は台本を読む作業が多く本や新聞も好きなことを知っているからか、グレーに黒の模様違いの四枚の小皿に、黒い石膏のアロマストーンが梅や松といった和柄で置かれている、どの季節にも合うアロマセットをプレゼントして下さった。私も嬉しくその小皿を選んで部屋のあちこちに配置したり、夜はベッドサイドに置いてみたり。又、ある年の誕生日はお花好きの私のために花瓶を贈って下さった。そして次の年の誕生日にはその花瓶と同じ陶磁器のプレート皿を大小揃えて贈って下さりと、なんだか以前下さったものとのコラボも楽しく、色合いや程良く邪魔にならない大きさ、そのバランス感が見事だなぁと思いました。私がそこで学んだのは、自分では買わないけれど、あったらこんなに楽しいんだっていうことに気づかせてくれるものを選ぶ事や、どの方のお部屋にも基調としている色があるから、どの色にも似合うようなトーンを選ぶ気遣いも素敵な発想だという事です。普段は九割方が仕事のやりとりだから、癒やしとはほど遠い世界でフレキシブルに、時に戦闘態勢でお互い現場にのぞむ。仕事に取り組んで、また新しいお仕事が来てそれに取り組んでの繰り返しなのだ。ふとした時、ふと空いた時間に、こうして相手に何を差し上げようかなと考えている時間が、少しこそばゆくて好きだ。「ガス抜き」という言葉がありますが、抜くというよりも、あったかいものを注入してもらっている感覚です。感謝。

朱夏

16:20

白秋

寛容

そう言えば、多肉植物にはハマった私です。プクッと丸みがあったり、トゲトゲ尖っていたり、見た目も味わい深いうえに二〇〇〇品種以上あるというのだから驚きです。多肉界もなるほど多様だなあと、その寄せ植えをしたミニチュアジャングルに似た世界に魅せられる。その中に小さな恐竜のフィギィアをちょこんと置いたりして、我が家のジュラ紀エリアを満喫しています。

あの多肉くんたち、逞しくよく育つんですよ。乾燥にも柔軟ですごく丈夫だし、冬の寒さも他の植物ほど弱った姿を見せない。むしろ常に水気を帯びている。サボテン含め、どの子もそんなに頻繁に水をあげなくていいと聞いてはいたのですが、乾燥しているなと気づいた時にあげると、これが凄い勢いで水を吸い上げるのです。で、欲しがるがままにあげ続けると、伸びる伸びる。このままだとみるみるうちに幅を広げいつかジャングル化したアマゾンみたいな草むらから私は這い出て仕事に向かうのでは、と少年みたいな想像もしてしまう。本来は切って元の形をつねに維持するのでしょうが、この頼もしい成長も楽しく「どうぞ多肉植物のあなたらしい方向に向かってください」とうらやましく又、自由を逞しく感じながら応援しています。

そう言えば、物心がついた頃から実家の庭で鉢植えがわりにしていた火鉢にいつからか生息し、繁殖していたバラのような形をした多肉のエケベリアが、十何回かの引っ越しもなんのその、今、私の家のベランダにしゃんと咲いています。物言わぬ、逞しい物たち。物言いながらもバタバタしている生きてる私。「最近はどうだ?」と言わんばかりに今日もこちらに向って多肉は伸びている。

趣味

推しとかエモいとか尊いとか色んな若者用語が飛び交う昨今、私も推しの一人や二人が欲しいと思い描きつつ、未だ何を見てもハマらない。体質的には小中はイギリスのアイドルグループ、ベイシティローラーズにハマり、その後フォークソングの時代がやってきて松山千春さんに恋をしました。そして、「愛することに疲れたみたい〜」と千春様の歌詞のように恋より受験となった私は、その後宝塚入りし初めて女子校の憧れのような心で大地真央さん、高汐巴さんに目をハートにさせ一〇代後半となっていった。

それくらいからでしょうか、ピタっと止まって現在に至る。今思えば、確かにあの時、私には推しがいた。尊かった、エモかった。現代を生きる若い子たちは、現実の恋愛とは又一味違ったこの絶妙な距離感の恋を、何と上手い表現で毎回更新してくるのでしょうと感心するばかりです。推し活は、本人とデートは流石にないものの、会おうと思えばファンミーティングや握手会、CD、グッズなどで生活全般を自分の意思で恋色に染められるから楽しぃ。昔、薔薇色の人生って何？　と思っていたけれど、あの好きな人ができた時の生活の潤い方、薔薇色感ったら、家中に町中に仕事場にも恋の香りが漂い、寝ればその方とのあり得ないシチュエーションの夢を自力で見たものです。あぁ、懐かしい……。

しかし今、この無味乾燥な色合いの中、粛々と仕事に向かう日々。だからこそ自身を何かに今こそハメて、久しぶりに咲く薔薇は何色だ

白秋

ろう？　と思い描く日々。まぁ、でも冷静に考えてみたら、俳優を仕事にしているこの私は、それこそイケメンと呼ばれる若手の面々と常に廊下ですれ違い現場で共演する日々。その都度推しになっていたら、それこそ仕事がやりにくいしお相手も勘弁だろうなと思う次第。だから今は、推せない体質に自然に変化していった自分に、どこか納得もしている。

それでも何か楽しみは欲しい。では、対、人ではなく、趣味を広げるのは如何だろうと、今までやってきたことを考える。母の影響からか、まずは手芸にハマった中学生の頃、学生服の自分たちを型取り、顔も似せてフェルトで作り、友達と鞄にぷらぷらぶら下げて楽しんでいた。又は真っ直ぐ編めるマフラーばかりを兎に角編んで、道路を引きずるようなその長いマフラーを、片っ端から家族や友達に差し上げていた（とても迷惑な話……）。真っ直ぐ編めばできるボートネックのセーターも途中から得意となり、周りの被害者の皆さんが、今度は窮屈そうな腕まわりあたりを、平気平気と通し着てくれた思い出。

この辺りで一〇代二〇代を終え、次なる三〇代くらいからゴム版画、影絵、油絵を私は趣味として楽しみ、家の中に画材や彫刻刀など工作するものが増えていった。そして今、めでたくやっとハマっていると言っても過言ではない趣味を見つけました。それは登山。一五歳から一緒に過ごしてきた宝塚の同期が誘ってくれたのがきっかけ。父に連れられ富士山、八ヶ岳、羽黒山などなど、海より山に馴染んでいた子ども時代があるとはいえ、今、駅構内の階段でさえ挑むような目つき足つきでのぼっている私には一番縁遠いと思っていた過酷なイメージの登山。一昨年あたりから幾度となく辛抱強く誘ってくれた同期、そんな彼女に私は難癖つけては断り続け、もう言い訳がないと思っていた矢先に、偶然山岳会の方とドラマの打ち上げのテーブルを共にした事が重なり、ならば！　と重い腰をあげたことがきっかけでした。それが今では、次は何処の山に登ろうかと心も身体もうずうずしているのですから、人生はわからないものです。ありがたや。

そして同時期に俳句も始めました。これは少しでも山登りや日々の生活の中でふと出会った風景を、自身の言葉で表現したいと思っての事でした。

どちらも二〇二三年から。まだ一年足らずの趣味ですが、情報過多な時代だからこそ、携帯を置いて、時に松尾芭蕉のように旅したい。

イマジン

白秋

私のリラックス法。それは、夜な夜なグーグルマップで世界を旅する事。空撮からの地形の変化がしっかりと感じ取れる景色の移り変わりは、まるで鳥の視点で地上を見ているよう。お酒を横に置いて、何と贅沢な至福なのでしょう。

幼い頃から地理が好きでした。というより私がティーンエイジャーの頃は、携帯もない時代だったしTVも兼高かおるさんが旅する番組「兼高かおる世界の旅」が私の想像する世界全てだった。なので兎に角地図を見ているだけで幸せで、見知らぬ地にいつも思いを馳せていた。あれからウンウン十年、最近は「等高線」を見てその地形の高さを想像したりしてお酒がすすんでいる。等高線の間隔は狭いところは傾斜が急で、間隔が広いところがゆるやか。登山にもとても役立ちます。他にも古地図や海図、活断層図など好奇心も多岐にわたっています。もし叶うなら、この地球の海水をとり除いた地球の地形を一度見てみたい衝動にかられる。何故なら地球の表面の大部分は海面下にあるのだから……。そう書きつつ、そんな興味を持つ方はと調べてみましたら、NASAから海のない地球をアニメーションで再現という画像を発見。うわーこれは又夜ふかし始まりそうです。古代人が渡ったであろう氷河期の陸橋、所々そびえ立つ隆起に、驚愕し感動を覚えます。五年ほど前に初めて訪れたグランドキャニオンの雄大な姿は、そんな願いを彷彿とさせてくれました。五、六百万年の不動の凄みといいますか、地球上でありながら別惑星を感じる自然が作った地球のアートを私はしかと目睹《もくと》しました。こうして地形について考えていると幸せホルモン、セロトニンが今日もザワザワと蠢く。いくつになっても夏休みの少年のように、私は想像と感動で心震わせていたいのです。

潮流にあらがうシャケ

「断捨離」その響きに憧れる。でも、その人にとってすべき時期とそれに抗《あらが》うべき時期もある気もしています。四〇代になったらそろそろとか、五〇代だからそうすべきというライフプランともまた違い、「その人にとっての適齢期」のようなものを自身の中に見つけてもよいのではないでしょうか。余計なものに囲まれている方が安堵する時期もある。無駄こそ宝だ。なんて長年留めこんだ私の言い訳な気もしますが、たまにほらっ、やっぱりこれを使う日が来た！　又、この流行

白秋

やってきた！　えっ、そんなにお宝なの今このバッグ!?　なんて持っていたからこその吉報も何処からともなく歩いてきてくれる訳で……まっ、その吉報がやって来るまでがトランクルーム化するのですが、私は今、まだそんな時期を楽しんでいます。何故なら時折年配の方のお家にお邪魔すると、あらゆる時代のあらゆるものが混在して、なんだかその方の歩みが見え隠れするようで楽しくなってくるのです。特に流行った健康マシンが隅に追いやられている光景はほほえましく、その方の努力した時間が垣間みえたり、リビングの一定スペース以外には雑然と物が置かれているような暮らしぶりもじつに理解でき励まされます。どこにものが置いてあるか、これじゃわからなくなると思っていると、「ああ、あれ? あれはこの服の下にちゃんと埋れてますから」と把握できている。「うん、分かるなぁ」これぞ無料の脳トレです

白 秋

よね、とまた微笑ましいのだ。物は多くても少なくても、その人らしさが光る時代、それが周りの皆さんにも伝わるのだと思います。

ところで、「断捨離」の特集記事などを見ていると、「人の断捨離」という言葉も目に入り、なんだか心にひっかかる昨今。小学校の時覚えた唱歌みたいに、友達百人作ればいいと言うものではありませんが、せっかく縁あって知り合った方々ですから、自然と疎遠になってしまったなぁと、少し俯くくらいの心の礼儀は残していたいものですね。

本

本を初めて手にしたのは確か小学一年の頃、父が買ってくれた「マッチ売りの少女」。赤い表紙が今も色濃く脳裏に焼きついています。それまで絵本で育っていた私が、モノトーンの挿絵がたまに入るほとんど文字で埋められた本を初めて手にしました。マッチ売りの少女自体、大晦日の晩の雪降る町のなか、はだしで凍え天に召される話だったので、その挿絵がより一層当時の私には寂しくうつったものですが、物語の終わりに近づき可愛がってくれていたおばあさんが天国から迎えに来てくれた辺りでは、挿絵はないものの私の中で少しふくよかで優しい笑顔とあたたかそうなうすいピンクのニットを着ている姿が見えました。オレンジ色のマッチの火も大きく広がって、あたたかかったのを覚えています。

私は読書が好きです。小説、エッセイ、料理や美容、健康などの実用書と、本と言ってもいろんなジャンルがありますが、私はやはり小説が好きです。

白秋

feel FRANCE 100
97歳の幸福論
笹本恒子
伊能忠敬の足跡をたどる
風よ あらしよ
村山由佳
ラヴィアン・ローズ
La Vie en Rose
村山由佳
FRANCK FERRAND
DISCOVER FRANCE IN 100 DESTINATIONS
Flammarion
JUNKO KOSHINO
理性の余熱

GEKKOSO

映画のような世界に、自分の好きな時間に没入できること。想像すること。情報過剰社会だからこそ、時には一枚一枚ペラリペラリと紙の飛行機に乗って、しばし現実逃避の旅はいかがでしょう。

時代に合わせる、作る

ファッション、若い頃は本当に色々流行の波に乗っかってやってみました。七〇年代、私はヒッピーみたいな小学生でした。細身の花柄のシャツにパンタロンと呼ばれる膝下から急に富士の裾野のように広がる、今でいうブーツカットのパンツ。そこに花魁も驚愕するような厚底ブーツやサンダル。私はこの七〇年代のファッションで、右足首の捻りを繰り返し、捻挫が癖になりました。そこに巨大なトンボに間違えら

白秋

れるようなオレンジがかったティアドロップのサングラスでファッションは決まる。完璧にイケていると思い込み、右足をぐねりながら闊歩していた小四。そして八〇年代に入ると、今度はとにかく肩をいからせました。その江戸時代のかみしもかと思うほどのいかった肩を発色の良いピンクや紫、金など毎日ディスコ三昧のような形相の色合いで纏った。流行は、いつだって突拍子もない世界に私を誘うのです。「時代に追いつかなきゃ、流行りに乗り損なわないようにしなきゃ」の年齢から「自己流に生きる時期」というか。自分の心に正直に毎朝洋服を選ぶ私の中の流行時代に入ってきました。そして今、七〇年代、八〇年代、九〇年代と経験したからこその自分をシンプルに整える時間。生活も人との関係も物も、時間も、シンプルに整える。断捨離や終活とはまた一味違って、配分を見直すような。

そして、自分らしさで行くぞ、みたいな、やっと解った自分のスタイルを満を持して発表するような、そんな思いと共に、全ての考え方がシンプルになってきました。自分の部屋なんて、人に見せられるような美しいものではないんですが、古い物、新しい物が混ざり合ったインテリアは、私らしさが自然と溢れています。

なんかね、ここからの年の重ね方やライフスタイルは、私はこんな個性なのよ、と自己発信を互いに皆さんと出来たら最高に楽しめる気がして。

白秋

創造する家

我が家は、決してゴージャスな住まいというわけではないのですが、想像力をかき立てる家ではあると思っています。なんてったって、地に足を極力つけないことを好む、クリエイティブなパートナーがいますから、笑。役者とバレエダンサー。二人とも、根無し草のように生きているような職種ではありません。そして根無し草なだけあって「飛ばす力」とでも言うような、想像で楽しむ力には富んでいると思います。

特にパートナーには刺激されることが多く、例えば同じ題材が来たとしてもほぼ真逆な発想で、毎度「へえ、そんな発想するのか!?」と驚かされます。彼の場合は、もともとないものから何かを一つ構築し、徐々に外へ大きく表現する仕事。私は、そこにあるものを元に、台本

白 秋

があり、よりリアルを追求し粛々と内面に表現していくのが仕事。同じ表現者でも、かなり大きな違いがあると感じています。だから選択の余地がありすぎる自由な課題を与えられると、何から手をつけてよいのやら思案してしまう私……。しかし彼の場合は、白地図自体を自ら生み出した上で、そこに色彩豊かな景色を重ねていくことができる。

以前二人で家具を買った時にも、その配置の仕方に驚かされたことがありました。例えば本棚があるとすると、私は壁に背を向けて配置するしか考えが及ばないのですが、彼はリビングの三分の一あたりの場所に壁と垂直に棚を奥行きの部分だけ合わせ、その棚の背にテーブルを片面なくしてくっつけて置いて、そこに椅子を二脚置くのです。あれよあれよと仕立てられたその場所は、まるで舞台セットの一角のようで味があり、今ではすっかり一番落ちついて腰かけている私。日曜大工系のことは全く不得意のようですが、配置換えや色づかいは見事です。一〇代後半の多感な、吸収力がすごい年頃の時に海外に留学していたことが影響しているのか、発想がユーモアある色彩とともに磨かれているといつも感心しています。外国で見かけたものが脳内に画像として色とりどりに打ち込まれたのか？　真偽の程は定かではありませんが、とにかく私には、とても真似のできない遊び心。おばあちゃんの知恵袋ならぬパートナーの遊び袋は日々、目から鱗。よく、価値観の違いや考え方の相違によってパートナーと関係解消、などと聞きますが、私には奇想天外すぎて、まだまだ安泰の様です。

白秋

時は令和なり

絶対に捨てられないものがあります。それは思い出の品、そして人からいただいた置き物やお手紙。微笑ましいものから、友人が選んでくれた私らしいもの、または自分では生涯チョイスしないようなハッとするいただきものまで、うーん、これだけはどうしても捨てられない。手放すタイミングが掴めないのです。贈り物は音楽に似て、思い出の曲が流れてくるように、そのものを見た瞬間から、その方がフワリと目の前に立ち上がってくる。そして、どうしていらっしゃるかな？　とメールしたくなる。それぞれ個性にあふれ、我が家を彩ってくれている。

特にペンや万年筆、ハンカチなどの、筆記用具や小物アイテム。ど

春日野八千代さんから譲り受けた時計

白　秋

れもいつも持ち運べるので、一緒に移動しているかのように、打ち合わせや撮影の合間などにその人のことを思い出したりして。特にこの世を旅立ってしまった方々のものは、もの凄い力で泣かせてくれたり微笑ませてくれたりするから忙しい。そしてその郷愁に似た丸みで今日も励ましてくれるのだから、味わい深くて困ってしまう。

郷愁といえば、いただきものだけでなく自らネット通販で買ってその気分を味わうことも最近はしばしば。昔自分の家にあったような器。少しレトロな柄のものやLPレコード。実家のどこかにあるはずなのにいつからか見かけなくなったレコードプレイヤーやオーディオセット、家族が知らぬうちに処分したのか自ら捨てたのか定かではありませんが、当時なけなしのお金で頑張って買った若き日が映るLPやSP、EPジャケットは、たまらなく懐古的になります。TVショッピングでたまに思い出の曲CD全一〇巻とか宣伝を見ると、そんなに何故⁉ なんて思った日の私はどこへやら。分かります分かりますと、現代の若い人には新しいけど、私にとっては懐かしいレコードを、今は若者にまじって街なかで見つめています。

時代の移り変わりはただ先へ先へと行くのではなく、こうして円を描くように丸く丸く過去の流行りも含めながら進んで行くのだと思えて、なんだか温かい。

だから片付けたい思いとノスタルジックが今日も交差する。

断捨離が得意な方に聞いてみたい。思い出をどうしてますか？「写真を撮って処分します」という声が聞こえてきそうな気がします。

白秋

22:05

玄冬

色気宿る人

最近年配の憧れの先輩が、同業、異業種関わらず増え、年を重ねることへの楽しみが本気で高まる日々を過ごしています。長年生きてこられたからこその知識や知恵は勿論、これまで人との出会いや別れを繰り返し、何を感じどう浄化されながら歩まれてきたのだろう？経験という鎧に身を固め、時に錆び付いた青銅をガリガリと洗い流してこられたのか？　定かではないのだけれど、お会いする度に多くの時代のことを赤裸々にお話して下さる。本気で生きてきた、生き抜いてきた色気みたいなものを纏い、こちらを魅了している。生きてきた経験や苦労話、してやられた話も、着地がとても鮮やか。聞き手が嫌悪感を共に抱くような話し方は決してせず、同調なんか勿論求めず、必ず「でもね」と切り出す。人に裏切られた話だって意地悪された経験だって「でもね、だから今の私があるの」「でもね、だから私の周りの方がいかに温かいかが分かり、感謝ができるの」と、聞き手の耳にいつだって心地よいのだ。あるがままに存在し優しさとしなやかさを併せ持つ。これぞ人を惹きつける本当の色気なのだと感じてなりません。

生前、瀬戸内寂聴さんはおっしゃっていた。

「私は、多く傷つき、多く苦しんだ人が好きです。挫折感の深い人は、その分、愛の深い人になります」

ハッとする言葉だった。愛という言葉も色気という響きも、若い頃と形を変えて今の私を虜にする。

以前私は、寂聴さんにお聞きしてみた。

「寂聴さん、一番好きな言葉ってなんですか？」

間髪入れずに答えが来た。

「情熱やね」

寂聴さん、九五歳の時だった。

出会った老紳士のこと

よく行く気持ちのいいコの字型の和食の飲食店があります。今はリニューアルされて形は違うのですが大将と女将さんの美味しい魚料理と明るい声が今も渋谷に笑顔をもたらす。行くと誰かしら顔見知りの方がいるから、一人でもふらっと立ち寄ることも多い。顔見知りと言ってもそこで知り合った方々ばかりで、皆、異業種なのが又楽しい。中でも高齢の紳士は、お店の守り神のような方なのだ。だから仕事後など、ついつい足がお店に向かってしまいます。その方はいつもお一人で、扉から入ってすぐの二つ目のカンター席に座っている。口数少なく、周りがおしゃべりしているのをニコニコしながら聞いている方で、お仕事は最後まで現役の医師でした。残念なことに、数年前他界されてしまわれたのですが。不思議なもので、寂しいのは勿論なのだけど、偶然出会えたことに感謝したい気持ちが、日一日と寂しさを凌駕してくる。この世を去られた後も余韻を残すように、まだそのイスが温かい気がしてなりません。

思えばその方が八八歳で米寿の誕生日を迎えられた時、私が「八八年生きてこられて、これは言い得て妙という言葉を一つ教えて下さい」とお願いしたところ、「禍福《かふく》は糾《あざな》える縄《なわ》の如《ごと》し」そうおっしゃいました。そして続けた。「幼少期に戦争を体験した私はもう心から笑う時代もこないと思っていたけど、勉強して医者になって色々な人と出会えて幸せをこうして今、皆さんと感じてね。そんなことをこの年になると繰り返してきたなと思うよ」と。そして戦争のことをもう少しお話しされました。「僕たちの世代はね。本当は生きているうちに皆さんに戦争のことをお話ししておくべきなんだろうけど。でも話すのがなかなか辛い、思い出したくもない経験だから。私くらいの方はみなさん多くは語らないでしょ……。でも、体験者が高齢になった今は、だからこそ話さなくちゃね」と。私も紳士とほぼ同世代の母から聞いた経験もあり、話すと記憶が重くあつく込み上げてくるような哀しげな母の横顔を見てきたから、その苦しさは少し理解できている気がした。その時、同席していた私の母は、大きくうなづいていました。その時の母は、私に幼い頃から八月になると聞かせてきた戦争体験を話す時とは少し違う顔をしていました。貴方も知っているのねと言わんばかりに無言の中、老紳士と引き合うように手を取り合っていました。同体験したことは、たとえ一緒に暮らしていなかった人たちでも、遠回りして出会った人でも、八〇年近く経った今でも、瞬時に凄い力で引き合い、分かち合うことができるのだと。そんなことを深く思った夜でした。

この話はついこの間の出来事だけど、今はあの紳士も母もいない。「禍福は糾える縄の如し」あの紳士が残した言葉だけが、今もゆらゆらと私の心にまとわりついています。幸福な時は有頂天にならず感謝を忘れないこと。不幸な時もそんなに長く続かないから、嘆き悲しむばかりでなく希望を持って生きなさいと。言葉は人生を支える何よりのプレゼントだと思います。感謝。

玄冬

和と個のバランスの中で泳ぐ

和と個のバランスをとる。人と調和して生きる。そして自分の個も大切に生きる。これを両立させないといけないから人生はなかなか難かしい。

でもたまに、この和と個のバランスをとる「世間」という大海原の水面を「自己流」というフリースタイルを勝ち取って、黙々淡々と遠泳し続ける方に出会うことがあります。雑誌の対談企画などで出会った学者さんや作家さん達がそう。媚びるという行為が一番縁遠いような、何事にも動じない飄々とした存在感。そして分析力や集中力の高さで繰り広げる会話の幅の広さ、そこに余裕さえ感じられる穏やかな笑み。よくぞこんな同調圧力高まる社会で、その独自の世界を守れましたねと、令和である今、感動すら覚えます。単独で研究、または原稿用紙に向ってこられたからなのか。久しぶりに味わう社会を謳歌しているよう。自己流の凄みというか、凄んでいない凄み。自然な凄み。すごく整備された庭園を見た後に、本当の自然に分け入った感じと言いますか。足を踏み入れたとたん、自然は壮大だなと改めて思う感じと似ている。一言で言うと、かっこいいのです。

自らの選択の末のこの瞬間

脳科学者の中野信子さんとお食事したときに知ったこと。それは、人は一日に三万回の「which do you like?」をさせられているということ。その後家に帰り自分の朝起きてからの行動を意識してみたところ、たしかにジャッジを繰り返していると納得しました。朝、何を食べようか？　パン？　ご飯？　先に化粧をする？　何を着る？　仕事の締め切りを先にやる？　それとも買い物を先に？　この本買う？買うなら単行本？　それとも文庫？　など、些細なことも含め、確かに我々の脳内は秒読みでジャッジ・ジャッジの繰り返し。私たちは選択しながら日々進んでいるのです。

しかし、私はこう見えて（見えていたら笑ってやって下さい）優柔不断というか、決めかねる事も多く、小さな事では衣服を購入する際、決めかねてお店に長居することも多々あります。形は同じで色違いがあると、本当に欲しい色と実際着やすい色……どちらにすべきか悩んだ末に両方買う。または両方やめて店を出る。長居した分、ハンカチ等の小物をせめて買ってみたり……。こういった行動を、人生何周ぐらいしているのだろう？　ジャッジが下手なのだ。その後色違いで買った二着は、結局どちらかの色に偏り、片方はずっとクローゼットの肥やし。もはや着ない服の展示ラックみたいになってきている。

私は、女優としてこんなスペースでいいの？　という程クローゼットを広く取っていない。だから服が地味にクローゼットの入り口あたりにひしめき合った状態で吊るされている。ハンガーがラックから外れても洋服が床に落ちない。まさに万有引力をも覆す凄い科学を毎日生み出してもいる私なのです。

この話、少し安心しませんか？　笑。整理整頓の本など買って心を入れ替えたものの、夏・冬のＳＡＬＥの赤文字に魅了されて、また今シーズンも洋服が増えている。そろそろ本気で、自分自身のトリセツをある程度完成に近づけていけるといいなあと思っています。まあ、

玄冬

完成させてしまうと完璧すぎて面白くないとも思うし、生涯を通して一ミリでも成長していたいから、性質を少しずつ改善し、スマホみたいにアップデートして。ちょっとずつちょっとずつ、年を重ねる分ついた余計な経験値を捨てながら流すように柔軟に、自分を時代と共に最適化させていくような感覚が持てると、楽になるかもしれませんね。

親友

親友はいつから出来たのだろう。

何処からやってきたのだろう。

気が合い気づけば仲良くなった学生時代。家まで一緒に帰る？　なんて制服の袖から出る細白い腕が印象的な中学の頃、お互いのぎこちない会話から今日までずっと続いている同級生のほど良き距離感もあれば、大人になり日々一喜一憂してくれる親友というお守りのような存在もできました。

宝塚をやめて二、三年した頃、男役の私だから側にいてくれたと思われる友は私の前から多く去って行きました。その背中は実にドライなものに映ったけれど、特殊な男性として、私は作り作られた自分で存在していたのだから、ファンの方は勿論、知人、そして友人もある程度失くす覚悟は在団中から人一倍していました。

それに変わらず側に居てくれた人たちも、少人数だけど気づけばこちらを向いて立ってくれていたから、私はその思いだけで充分でした。

去るもの追わずをさらっと心に纏い現実を受け止めていたあの頃、

ある時一人の親友にこっぴどく怒られました。

「あんたの親友の定義って何なん？」

「定義って硬いなぁ〜」

「何なん？　気づけば私からしか誘ってへんやん」

　確かにそうでした。

　劇団を辞めても、公演中会えなかった方々との付き合いで、気づけば日々のスケジュールは埋まっていた。

　でも考えれば彼女は仕事も順調で、交際範囲は多岐にわたって私より広い人であり、多忙を極めていた。

　その頃の私といえば、一ヶ月仕事はちょんちょんと二、三箇所丸してあるだけの簡素なものでなきに等しく、会おうと思えば友と半年、いや一年かけての長旅、移住？　もできるほどでした。

そんな頃のある夜の友からの激怒電話。きっかけは私の友達たちが私の誕生日をしてくれるとの事で、彼女にもサプライズ的な存在として私の知らない間に声をかけてくれた事でした。

彼女は大阪から駆けつけてくれていました。私は好きな方達が揃ってくれた事に至福を味わいながら嬉しく一つ歳を重ねた誕生日でした。

それから後日のこの彼女からの電話。

「こないだ嬉しそうにしてたからええねんけど、友達言うても近況も何にも対等にぶつけあった話もなく、平和で常に褒められてプレゼントもらって、あんたの友達の定義って何なん？」

彼女は定義という言葉を繰り返す。

「あんなん言いかえたらあんたのファンやん」

「……。」

言葉を選ばないで表現すると正直面倒なことが起きたと思っていました。

私は友は自然とでき自然と互いに思いやれる仲であり、できれば平和でいたいし、平和の何がいけないのだと思っていたから尚更、檄を飛ばす彼女を過激友認定しそうになっていました。

それから私は彼女と少し距離を置き、沸々と友達について考える日々を送っていました。来る日も来る日も……わからない、何が言いたいのやら……。彼女は賢いから口論好きなのかと考える日々。そして漸くして気づいた事があった。私、彼女の近況や交友関係は知っているものの、彼女が今幸せなのか、何に悩んでいるのかを知らない。というか考えた事がなかったのです。

それから急いだある夜、彼女に電話した。

「私、知った気になっていたけど、貴方のこと知らないことに気づいた！　まず会いたいから時間頂戴」

彼女とは関西と東京という距離もあったので、真ん中あたりの伊豆の温泉で落ちあうことにしました。

その頃、出会って七年くらいは経っていたのに、知らない彼女の思いや今の仕事での葛藤など、寝る間を惜しむようにとにかく私たちは話しました。

あの日を境に私たちは本当の友となり、親友という言葉の深さを私は知りました。

こうして、彼女と三〇年くらいの付き合いになった今、もう大人だし、何でもかんでも相談せずに、自分で対処しなくてはと一人沈む日に限って久しぶりでも必ずピコンと来るメール。

「大丈夫か？」

人に言えない痛みや哀惜は、その存在が対面であれ電話であれメールであれ横にいてくれているようで、私は瞬時に炬燵にみかんな心地になるのです。

特に二時間でも一時間でも会えば、もう悩み相談なんてどうでもよくなったりするから有難い。

江戸っ子のおやじさんじゃないけど、「えぇいい、辛気臭い話は酒が不味くなる！」とばかりに、とにかくこの親友との時間を愉しく心地よいもので過ごしたい。

そして逆に落ち込む親友を励ましたい時、これもわかったと言いたいところですが、それは未だに悩ましく、つきあいが永くなっても正解などない気もする。

悩む親友に平気平気と飛ばして言ってあげた方が気は休まるのか、かわりにケンカしにいった方が少しでも友の心は救われるのかと考える。そして親友よ、貴方にとって私はよき友でいるかなと。正直、何でも話せるのにこの事については未だ互いに話せていない。

だけど言えることは一つ。直感と言いますか、喜び事は他にも喜んでくれる人がいるから大丈夫、それより何か親友の負や哀しみを聞いたり感じとったら、「大丈夫か？」このひと言を速やかに発信したいものです。

自分の人生と同じくらい、共に苦しむよ、怒るよ、歓喜するよ、涙するよ……。と、さりげなく発信したい。いつだって二四時間スタンバイオッケイと発信したい。

あとは友次第、何を話してくるのか来ないのか、どうしたいのか、

ただただ心に寄り添いたいのです。私が過去にそうしてもらって嬉しかったから。

ありがとう親友という戦友。

兄

私には三歳上の兄がいる。幼い頃から、顔が小さくて目鼻立ちよく可愛い可愛いと、近所のおばちゃま達から言われ、人気の男の子だったそう。

そんな兄は幼い頃は喘息持ちで、夜になるとよく父と母に連れられ夜間救急外来に駆け込む生活でしたので、当時二歳くらいの私は、ベビーベッドにおもちゃとミルクの入った哺乳瓶を置かれての留守番係が常でした。そんな幼少時の私は、兄とはうって変わってよく食べよく笑う健康優良児で、腕もぷくぷくで顔もパーンと張り、日一日と育つ子でした。会う方会う方「元気そうね、男の子？」とお声がけいただき、母は苦笑いの日々だったそう。可愛いと評判の兄の口癖は「おにぎりつれてママお家帰ろ」だったとか。どういう事？　そしてどうなる私⁉

それは何かの間違いであり大袈裟と反論したいところだが、当時の写真を見ても隠しようのない事実と自認しています。そんな留守番係の私は、飲み終えた哺乳瓶を「ゴッソーさん」と言わんばかりにベビーベッドから下に投げ落としていたようで、両親と兄が病院から帰るといつもきまって空の哺乳瓶が床に転がっていたそう。そして一ミリも泣いた形跡もなく淡々と遅くまで絵本を開けたり閉めたりオモチャと遊んで声をあげて笑っていたとか。その姿に両親は、凄いのが産まれたね、と安堵？　したかどうかは定かではないですが、放っておいてもこの子は大丈夫と認定されたのは確かです。

この哺乳瓶投げ話は、私がこの年になるまで一〇〇回以上は人前でされ、親戚、友人達の笑いをとる母のすべらない話と化していった。いつだって全く記憶のない過去は厄介だ。隣のおじちゃんに、よくオシメを替えてあげたんだよーと、大きくなって言われるあの気まずさと似ている。写真を見る限り、いつも親指を咥えて兄に寄り添ってもらっている私、新聞を読む父の胡座する脚に挟まれるように鎮座する私、と我が家の男子達もたいそう可愛がってくれていた。その頃兄も、喘息はあるものの少しずつ少しずつ元気になり、そして学校では人気者であり家ではよく父にヤンチャで怒られていました。そして私はと言うと、一人遊びは得意なものの一日中何も話さないような子へと成長し、いとこ達が集まるお正月などは「お母さん、みきちゃんが動いた！」と従兄弟達が親に報告しにいくほど私は無口な子となっていた。

まるで性格を入れ替えたように年々と明るく社交的になる兄と静かに一人不動となる私。人の性質は年齢と共に明暗が配分されているのか、それほど二人の兄妹は対照的に育っていった。

そんな母の思い出話が脳裏にこびり付いていた私が数年前同窓会にお邪魔した時のこと。仲の良い同級生に、「ほら、私おとなしかったしさ」などと発すると、「イヤイヤ！　静かではなかったよ、よくピンクレディの真似して色んな教室行ってはしゃいでたやん」との返しが。過去の記憶は、常に思い出という美しい響きと共に、自己流に塗り変えられていて不思議だ。今、兄も私もそれなりに落ち着き大人となった。えっ、これも錯覚!?

まなざし

この本のイラストや写真の中にちょこちょこと登場している私の相棒シュナウザーのメル男（メルシー）。

この著書を仕上げている最中の二〇二三年七月三日、ちょうど時計の針が彼の一〇歳の誕生日を迎えて間もなくの出来事でした。その日は特に光のつよい満月が夜空を照らし、彼はその大きな月に導かれるように旅立っていきました。

私なりに愛は一杯彼と分かち合ってきたつもりだけど、忙しくしている我が家でなかったら、この子はもっと生きられたのかなと心俯く日々も正直まだまだ続きます。

でも唯一ほっとしている事は、朝夕と沢山の薬を飲み続ける日々が

玄冬

なくなったこと。子犬のころから身体が弱く我が家にやってきた子だったから、「今、気分はどう？」とメルシーに聞いてみたい。

私は小学校低学年頃から、庭には大型雑種犬、家の中には小型犬と、兎に角犬に囲まれて育ってきたので、犬が実家にいない年はほぼほぼなかったくらいでした。ただ二〇〇七年に私の大変な時代を共に支えてくれた前犬チワワのSが旅立ってから、飼う気にはなれずにいた私。何故ならその頃の私はドラマのクランクインと重なり、彼女の具合の悪さに気づいてあげられず、ペットホテルに預けて二日後に逝ってしまったから。あまりの自己嫌悪と失意で、それまで可愛がってくれた優しいファンの皆さんにもお伝えできずにいました。遅くなりましたが、沢山可愛がって下さった事、感謝しております、ありがとう。

そして二〇一三年、母との同居を決めた年に、高齢者に全て生活が偏っていかないバランスと言いますか、母にとってもまだまだ何かを世話する側で自立していて欲しく、縁あって生まれたてのメルシーを我が家の一員に迎えました。

真っ黒な毛玉に似たメルシーは、首の内側だけ白く三日月型の柄をしていて、この子はツキノワグマの子どもなのではないかと途中思ったほど、よく物を咥えては振りまわすヤンチャで自分の意思をしっかりと持った男の子でした。

少し経ってもなかなかトイレも覚えないし、同じところでいつも頭をぶつけて鳴いたりと、兎に角心配な子だった。

出来のわるい子ほど（とは言いたくないけれど）可愛いと聞きますが、正に私は母性本能掴まれる日々を体験していました。

しかしそれから二年もしないうちに朝の情報番組が始まり、朝の五時には月金で家を出る私。そして番組後はその足でドラマの撮影に入ったり、長期では三、四ヶ月名古屋や京都での撮影となり、出張で帰れず寂しい思いも沢山させてきました。

なので寝る時は思い切り我がものと、お寿司のネタのように仰向けに寝る私の身体の上に全て身体を乗せ、私の首あたりに濡れた鼻を押し付けてべったりくっつき一時間でも二時間でもずーっと寝ずに私を見ている、正に子どものような、そして時に心配しているお父さんような彼でした。

人にもこんなに穴があくほど見つめられたことのない私は、一生分彼に見つめてもらって、何があった日でも、落ち込んで帰ってきても、毎夜この時間だけは安堵し幸せで、こんな日が一日でも長く続くことを何より願い眠りについていた日々でした。

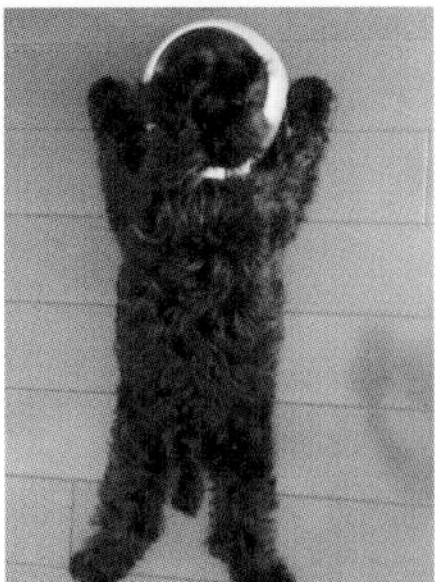

玄冬

だからこの冬は私には堪えます。

でも、あの眼差しで全てを感じ取っていた彼をこれ以上心配させたくないので、季節が春に向かうと同時に私の心も上を見上げていきたいと思います。

それに私もいつまでも生きているわけではないし、あちらに行く楽しみも増えたというものです。S同様、メルシーのことを我が子のように可愛がり応援して下さっていた方々に感謝がとまりません。

お一人お一人がくださるそんな思いが有り難くて心に沁みて。

堪える冬ですが、私は皆さんからカイロやマフラーをいただいているようです。

これからもSやメルシーは、人生の相棒キャラクターとしてちょこちょこと現れますので、よろしくお願い致します。

この度生き生きとメルシーを甦らせて下さった素敵なイラストレーター、世戸ヒロアキさんにも心より感謝を込めて……。

至福のレシピ

玄冬

酒場やバーにフラッと入るのって好きなんです。お酒そのものを楽しむのもそうですが、そこで働く人やそこに集まる人を見ていると、色々と今日もお疲れさまでしたと頭が下がるお話がとびかう。一人で行くからこその楽しみです。バーのマスターって、さりげなく人と人を繋いだりしてくださるでしょ。お酒入ってる同士だから散々喋ったあげく、「で、貴方誰?!」なんて大笑いしたり。以前ガールズバーもどんな所なのか一人で覗いてみました。男役の頃は、一応男性の行かれるところは知っておこうと、クラブやキャバレーにも一人で行きました、なんだか私の取るに足らない話を美しい笑顔でコクリコクリと頷いて下さって、なるほど、これは寄り道せずに家に帰るのは気合いを入れないと困難ですなと、ネオン輝く夜の街で癒やされました。名古屋の大きなキャバレーでは一〇人位のおばさま女性が私について下さって、半円状に包囲されモテました、笑。最後は公演がはねた後にも関わらず、私はキャバレーの生バンド演奏の中フロアに出て、お姉さん達とルンバとか踊ったりして。

なにやってんだかですが、一人で行く酒場には、思いがけずの世界が広がるか、やめられません。

玄冬

お宝に会える場所

　どんな場所に身を置くと心地よいか。大人になるにつれ、料理の美味しさやシャンパンはグラスで出るかなどと同時に、人と人が自然に喋れる距離感や照明にこだわりたいもの。

　シチュエーションにもよるのですが、大切なお友達とワイワイやりたいお祝いから、仕事に関連する会食の時、愛語りたい時、まずはお隣とのテーブルの距離や落ちついた明かり、仕事なら逆に資料の見やすい照明や食事が運ばれても少し余裕あるテーブル幅など、些細な事のように見え、実はその日を左右する大切なポイントである気がします。そして何より外食の醍醐味だと。大切な方とのお祝い事、大事な仕事の打ち合わせ、お友達と関係を深めたいランチ。後輩を励ましたい夜など、状況に合わせてのお店選びは、外食とはいえおもてなしの入口。鉱物発掘のようにお店が見つかるまでは苦しみ、時に大当りと歓喜しています。そんな夜の帰り道はブラリブラリと夜風にあたりながら歩き、余韻に浸りつつ帰宅の途につくのです。

玄冬

美醜

人からいただいたものを捨てられない。それは確か。でも考えると、多い少ないじゃなくて、バランスを欠く瞬間、境界線を見極めたいということなのかもしれません。

例えば家にオブジェがあるとします。とっても素敵なものだけど、一つだと寂しい。横に額を置く。次に花を置く。次はクロスみたいなのを下に敷く。そこまではいいけど、色々なものを置き続けた結果、ある程度の個数を超えた時に全てがどんなに美しく新品であっても乱雑化された秩序ないものに映るそしてなんだか違和感を感じ始める。ないのは殺風景で寂しい。けれどある一定の枠を超えだした時、それは醜さに変わる。

玄冬

だから入ってくる情報や物の量も、自分でラインを見極めるようにしないと心のカオスが始まるのだと感じています。

夜な夜なネットサーフィンみたいなことをして、頭が整理されないまま朝起きた時のような感覚。胃もたれならぬ脳もたれ。これ、私自身やっていたからわかる感覚なのですが、今から約四年前、ビビットという朝の情報番組を任せていただいた四年半の間。いつも寝る直前まで調べものをしてそのニュースを新聞又は本、ネットで探し、過去の背景を学び、終わりにはネットサーフィンして朝が来る。そして番組やって、反省会して、また、新たな情報に触れて調べ出すを繰り返していたら、ある日頭が混乱し停止しました。私はアナウンサーさんのようなプロではないので、頭の中の整理棚が崩壊したのだと思います。ものに溢れた部屋の中で、ものを調べ学んでいるような日々。間違ってはいないのだけど、整理されていない頭の中を新たな活字が駆け巡っていたような感覚。ちょうど大検受験も同時進行だったので、私の脳がパニくった。「貴方そんな人だっけ⁉」と悲鳴を上げたのだ。それ以来、私は、自分の中のキャパシティー、バランスが取りやすい数というものを、頭の中も部屋のオブジェも意識しています。それぞれのものさし、それぞれの心地よい数で美しさを探したいですね。

玄冬

アスリートの背中

この瞬間に立ちあえて嬉しいと思う歓喜、それはスポーツ観戦。そして、そこから学ぶことは多いですね。

オリンピックは全ての競技に熱中していましたが、中でも卓球に注目していました。試合はもちろん、水谷先輩を慕う張本選手が、可愛いらしく、一変して試合への集中力は勇ましく、なんて素敵なのだろうと、終始感動していました。卓球の強さは勿論、水谷選手のことを必死で見つめる姿が美しかった。あんなに後輩を夢中にさせる水谷選手は、さぞかし強く、リーダーとしてのバランス感覚も長けた方なのだろうと、二人のこれまでの関係性をも想像できる時間でした。卓球は、他の競技と比べて、一〇代、二〇代、三〇代と選手の世代の幅も広く、四〇代、五〇代なんていう中国選手もいらっしゃいましたね。年齢はいくつ位がフィジカル的に良いのかではなく、それぞれの年代がそれぞれに強く素敵でした。また、個人になったり、団体になったり、ダブルスになったり、男女混合のペアになったりと、適応能力やフレキシブルな精神面も求められ、形を変えながら、一つ一つ丁寧に次の選手に繋げていく感覚もしっかりと味わいながら見ていました。私の仕事もいくつかの異なる現場に同時期に行ったり、組む相手がどんどん変わったりする現場なので、共感する部分もあり、いつも大きく励まされます。

それから、ソフトボールの優勝にも感動しましたね。勝った時、なぜだかうなだれている選手がいらっしゃって、勝ったのに。金を獲ったのにうなだれているんです。後日知ったことなのですが、彼女は自分のエラーで一時はピンチになったけど、それを挽回してくれた人がいたから勝てたという理由でうなだれていたのだそうです。

その時にピッチャーの上野由岐子さんが「あれはエラーじゃないよ。あれはヒットだったんだよ。あなたはヒットになるボールを取りに行ったんだから、すごいことなんだよ」っておっしゃったんです。ああ、上野選手は、一人一人にそんな風に声をかけていかれる方なんだな。それはもう、みんなにとって真ん中にいてほしい人に違いないと唸りました。と同時に上野さんは、リーダーとしての覚悟を二〇年の間培ってきた人なのだと思いました。

又、人よりも過酷な状況の中、再び世界の限られた人数の中に食い込んでくる池江璃花子さんの努力を見ていると、世界の全ての人がコロナという見えない敵と戦っているときに、こんなに励みになることってないなあと、池江さんの新たなる挑戦の凄みに涙しました。一年延びた分、五年分の想いが詰まっているアスリートの皆さんにとって、体調やパフォーマンスのピークを調整していくことは、想像を絶する過酷な長い練習量であり作業だったのだと思います。一年延期になったことによって引退を余儀なくされた方もいたのですから、辞められていった仲間のことも背負ってあの舞台に立った方も多かったのではないでしょうか。観衆の私たちさえも生きる喜びと感動をくれたアスリート。どの種目も観戦しながら、その逞しく挑まれる姿に泣けて泣けて、選手の方たちも、表彰式で、いつものオリンピックよりも泣いている方が多かった気がしました。

スリリングで、緊迫感のある現場で、ここぞというときに決めてくれる人を、私はアスリートでも役者でも、リスペクトしてやみません。

しっかりと準備をし本番に挑み集中し、丁寧に力を出していく。それはアスリートでもどのお仕事でも皆さん努力の方向性は同じだと思っていますが、やはり勝利する方々に感じるのは、勝ちが降ってくるのではなく勝利を取りに行くような気迫と覚悟があることです。その姿を見たとき人は感動を覚えるのだと。

ＷＢＣ、ワールドカップにオリンピックと、私にとって、スポーツ観戦はまさに生きる原動力そのものなのです。感謝。

玄冬

生きがい

　最近は少子化ということもあり、兄弟が少ないですよね。私も二人兄妹ですが、両親の時代は五人六人と多い印象。一〇人きょうだいがいてもさほど驚かない時代でした。だから子ども達は社会に出る前に家庭内でまずは縦にも横にも荒波に揉まれていたのだと思います。今は何かあっても、核家族化に加えてご近所のコミュニケーションも薄くなって誰に相談して良いかが分からない状態の中、急に社会に放り出される。また、幼稚園の頃から知らない人に話しかけられても答えないようにと子ども達も指導されているから、近くのチビッコ達に話しかけるのも気が引ける大人達。そこにコロナ禍でのマスク生活。表情も見えない。だからこちらも必死に目元だけで表現していたら、何だか目尻に最近かなりの表情筋が動いた跡……。でも、こんな世の中だからこそ、人間が本来持ち合わせている嗅覚を研ぎ澄まし磨いてはどうだろう。SNSの「いいね！」に反応するだけでなく、温かみのある時間を嗅ぎとる力を養いたいと私も切に思っています。素敵だなと思ったら、それを口に出してみたり時にユーモアを交え、初対面の方にもこちらから声をかけてみたり。こうした現代だからこそ、そういう感覚ってとても大事なのだと。核家族化だからこそ外にも家族のような輪を作る感覚が持てたらいいなと。

実際の家族は、悲しいけれども次第に時が経ち、一人二人と減ってゆくものだから、社会に出てからの家族というのも、これからはあっていいのだと思います。私は父や母が旅立ってしまったので、街で一人歩いておられるお年寄りの方を見ながら両親を思う時があります。そして、もしかしたらこの方も息子や娘、家族みたいな関係を探しているのかもなんて。腰が曲がり、重い荷物をゆっくり運んでいる方などを見かけると、日頃何か協力できないものかと思う。恋愛だけではない、家族みたいな心のペアリングがあっても良いのでは？

以前、旅番組で中国の長寿村を訪ねた時、一〇〇歳前後の方々がいるわいるわ。そしてその皆さんが普通にぶどう農園で収穫する光景を見て驚いた事がありました。ご長寿の方に秘訣を聞いたところ、要因はいくつかありました。天山山脈のカレーズ（地下水路）から新鮮なミネラルを日常的に使って生活していること。その地下水でぶどうを育て、そこからポリフェノールを人々は沢山摂っていること。日中は暑い地帯なので昼寝（シエスタ）をして心臓を休めていること。高齢でも現役、つねに身体を動かし少しでも仕事をすること。そして一番ハッ

玄 冬

としたのは、毎日夕刻になると一〇人、一五人と、息子、娘、そして孫達がやってきて、おじいちゃん、おばあちゃんの話を聞きたいと、そのご老人の座る椅子めがけて嬉しそうに集まってくる光景でした。

日本のように生活がなんでも携帯で済むほど便利ではないし、何を買うにも車で三〇分くらいかけて街に出ないと手に入らない。でもだから見えてくるもの、日々生まれるアイデアと知恵がある。そして子ども達は、色々な体験や知識を教えてもらいたくて、とびきりの笑顔で夕刻になると楽しそうにどこからともなく集まるのです。

一〇〇歳のご老人は言いました。

「一秒でも長く生きていないと、この子達が淋しがるから」

人に必要とされるという認識は、やはり人の喜び。何よりの生きがいなのだと改めて感じたのでした。

高齢化社会という響きが苦しさだけで捉えられている日本ですが、今こそ、年輩の方から知恵や宝のような経験などをお聞きしたい。そうして先輩方の笑顔も増えたら、世の中もパッと明るくなりそうなきがして。

脱帽

私はこれまで、人から頂いたお手紙で素敵だなと感じたものを小箱に保管しています。休日となった午前中など、お祝いやお見舞い、お礼など人にお手紙を書かせて頂くとき、たまにこのボックスを見返したりして恍惚としています。文章の組み立て方、便箋や万年筆に至るまですべてがフィットしてあたたかい手紙や和紙の便箋に少し滲んだイン

玄冬

クから力強く人生の味わいを教えて頂くもの、幼い子が絵をつけて一生懸命書いてくれた心洗われるお手紙まで、とにかく心揺さぶられた手紙が年々ギュウギュウと箱の蓋を押し上げています。切手も季節に合わせて夏はソーダ水の瓶の挿絵の切手を貼ってくれたり、秋は紅葉した葉っぱを封筒にしのばせたり。スタンプもかわいいけど、やっぱりメールやラインでは表現できない、手間の分だけ心が伝わる手紙はあたたかい。それはいつの時代だって相手を思い書きつづる恋文なのだ。

先日、箱の底から父からの手紙ならぬ一、二、三と記された家訓のような、説教のような便箋が五枚にわたって出てきました。

一、クルマのスピードは控える事（って人聞き悪い、私安全運転です）。五、読書は知識（読んどります）。六、今までの経験をバネにゼロから出発が肝要。プライド、ミエは自己を失う（これは……退団の

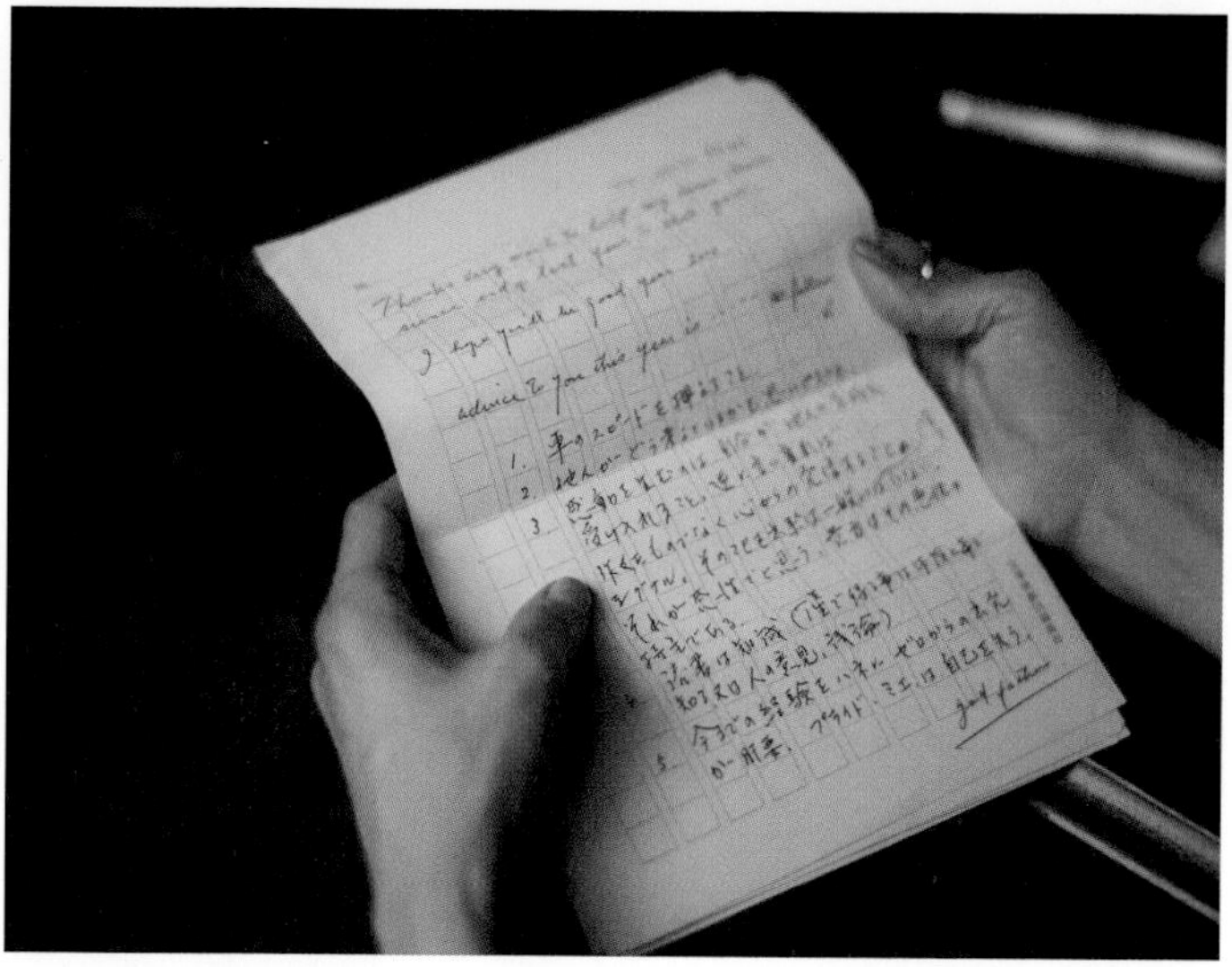

主人《あるじ》なき
机に日脚
伸びるかな

アルジナキ
ツクエニヒアシ
ノビルカナ

池月
（私の俳号です）

玄冬

時にくれたのですね）。八、今日があるのは周りの皆さんのお陰、調子に乗らず稲穂のように頭を下げて過ごすこと（それはごもっとも……）。九、引越しの際たくさん荷物を引き出す時はあらかじめ隣近所に迷惑かける旨は話しておくこと。それから長い留守のときは主な電源をＯＦＦにして行くこと。と、文字から存在しているように、圧強めにやってくるのです。やっぱり手紙ってすごいのです。

木曽川

名古屋に大越さんという素敵なおばさまがいました。その方は、当時先輩のみさとけいさんの大ファンでそんなピンちゃんをしたっていた私の事も可愛がって下さる優しい方でした。その頃二、三番手の私、後々トップになるのを楽しみにもして下さっていた。ある日の東京公演で大越さんが具合が悪いとお聞きし、走る心ではありましたが、公演中の身なので祈る事しかできない私でした。その公演は私は男役だというのにめずらしく赤い大振袖で和物に出ていました。大きな赤いけしの花の上に乗って、真っ赤な着物で登場。その場面で不思議なほど、歌う時に大越さんが浮かびとまらない日々を過ごしていました。お見舞いに行けない私は女を思って歌った。「赤い花びら恋の色、もゆる心の虞美人草、咲けば散るもの枯れるもの、何故に咲くのか美しく……」と、そして東京公演が終わったその足で愛知県の病院へ急ぎました。大越さんが昏睡状態から目覚めたというのです。これは嬉しいと病室に行くと大越さんは目を丸くして語りました。「私ね、どうやら木曽川の三途の川を渡ろうとしていたのよ。向こう岸から両親も笑ってよんでいたから。だけどね、三途の川を渡ろうとしたら、赤い大振袖の人が出てきて「そっち行っちゃダメ」「傘をとってください」って言って、自分がかぶっていた傘を川のない小高い土手の方に投げるのよぉ。「やだ、そんなとこに投げないで」ってその人の後を追いかけてフーフーと土手をかけ上がったら「お母さん！」って家族の居る病室のベッドで」と。ちょうどその頃、私が赤い大振袖で舞台に立っていた衣装をプリントした写真が病室に届き、びっくりしたそうなのです。

以心伝心というのでしょうか。毎日舞台から大越さんと歌っていた思いはまるで東海道新幹線のように東京から愛知に願いを走らせていたのでしょうか。私はそういう話を信じる日もあれば信じない日もあるのですが、大越さんのあまりの驚いている様子にあの日は嬉しくて不思議なこの出来事に浸りました。そしてその後、ほどなくして大越さんは優しい風のように旅立たれました。

それ以来、大越さんが住んでいた地域にある木曽川を新幹線で通ると、ここで私たちの乱闘が、関ヶ原ならぬ、生死のはざまの合戦みたいに思われて。大越さんが見た一級河川の木曽川をひたすら思い出して眺めています。

玄冬

余韻が残る人

別れた後に余韻が残る方っていますよね。私が今まで素敵だなって思った方の共通点はまさにそこでした。例えば共演させて頂いた田村正和さん。ドラマがクランクアップしても、一週間も二週間も正和さんの香り宿るような、奥深い色彩が漂う日々でした。現場で何をすごく語った訳でもないのですが、正和さんのお芝居で纏う空気は絹を粛々と紡いだ作業のように、丁寧で自信に満ちていて。正に心地の良い余韻でした。

海外経験の長い方にもそういう方をお見受けする印象なのですが、例えば母の大好きだった岸恵子さん。私は共演はまだありませんが、ご著書やたまに拝見するトークなどから、そんなお人柄を感じます。

ちゃんとご自身があって優しいのだけど一喜一憂はいちいちしない。その場の感情に支配されない凛とした美しさといいますか、揺れないしなやかさ。

そういえば二〇年間NYに住んだ経験のある私の友達も、先日こんな印象的な言葉をくれました。自分は何もしていなくても常々直面する問題に私が頭を悩ませていた時のこと。「あなたはすぐ、相手と私、二人の問題みたいに相手から発信された事を受け止めるけど、そうじゃなくて。それはそのお相手さんの問題であって、あなたの問題ではない場合もあるでしょ。なんでもレシーブしてしまわないで自分に誇りをもって」そう分析してくれたのです。

彼女のスカッとした物言いとその後のチャーミングな笑みに、彼女の余裕と優しい余韻を同時に味わった夜でした。

実るほど、頭を垂れる、稲穂かな

私は地層や樹木の年輪など、歴史が感じ取れるものを見るのが幼い頃からとても好きで。先日も伐採された、おそらく大木であっただろう桜の株の上の部分を眺めていました。このような年輪ができるまで生き、道路の整備か区画整理などの理由で伐採され……。時代の移り変わりを、木々はどのように捉えているのだろう。この木はもう戻らないのだと桜並木でところどころ伐採された株を見ていると、鉄の蓋を被せられたものもあり、その隙間から、青々とした葉が生え、その先には小さな桜の花までつけていた。人の手によって命断たれてもこうやってまた生えてくる、自然界の持つ生命力に申し訳なさと感動を覚えていました。

玄冬

そんな矢先、埼玉県大宮にある盆栽美術館を訪れました。初めて見る盆栽は、推定一五〇年、二〇〇年を軽く超えていて、幹は白く、一部白骨化のようにすかすかとしていても、その先には見事な桜の花をつけていたり。青々とした松なども袖を見事に広げ、それはそれは息をのむ驚きでした。それから庭園の奥へと足を踏み入れた私は、最後に静寂の中に鎮座する、一メートルぐらいの大きな、推定五〇〇年と書かれた盆栽と対面しました。正に思いがけず大きな仏像と対面した時のような凄みなのです。現代を生きる私たちが生まれた時から五〇〇年生きると聞かされていたら、今の私は、まだまだ学び吸収したい子どものような年齢です。一〇〇年時代とわかっているから逆算して色々わかってきたと思い込んでいるのかもしれない。この五〇〇年生き続けている穏やかで神聖な佇まい、揺るぎない風格の盆栽に、ただただ頭を下げていたい思いを抱いた昼下がり。そんな時ふと、美術家の篠田桃紅さんが生前こんな言葉を発せられていたことを思い出しました。

「花を見て、木を見て、可愛らしいなんて恐れ多い……」

当時、桃紅さんのこの言葉に私は、何をそんなに厳しく語られているのだろうと感じたものですが、今、この盆栽を前にし、平安時代から何代もの人の手に渡り、時代を生き抜いてきたその姿に、私が何を解ったふりして生きているのだろう……と思う。いかなる時代も人生は悲喜交交、受け入れて泰然と日々を過ごす。大自然に生きる先輩から、そんな無言の教えをいただいた心地でした。

玄冬

お隣さん

向こう三軒両隣。なんて言葉が死語のようになった令和の昨今ですが、嘘のような本当のお話。

今、東京で私とお隣さんは、「たまご、二個もらえる?」「あの器、貸して下さい」「ちょっと寄ってお茶召し上がらない?」「夕食までしたらいらっしゃいません?」「買い物行きますが、要るものはありますか?」などと心地よく日常を共有し、行き来させていただいている。それは都会では稀有な関係のようで、友人達にも驚かれ、今や感動されています。早い話、お隣さんがとても素敵な方なので、自然とそんな関係を築けたのですが、今では私、すっかり魅了され、お隣さんから人としても学ぶことが多い。

玄冬

例えば、同じマンションに住んでいるから不便は一緒な訳で、配管とか家電周りもおなじ環境、年季も入っている建物だから不便さを感じるのも同じなのですが、お隣さんからは捉え方によって、こんなにも日常が変わるんだということに常々気付かされるのです。

その方は不便も楽しんでらして、庭の木が倒れたら「それをなおす事であの段差に気がついたの」みたいなことをサラッとおっしゃるし、セントラルヒーティングの暖房が壊れたときも、せめて少しの時間でも暖をとっていただきたく、よかったら我が家で夕食をとお誘いしたら、「暖房が故障したお陰でこんなに楽しいお時間をいただいちゃって」と、心から感謝して下さるのです。おかげ様でこの数年間ハッとすることばかり。日々、心あたたかいのです。自然現象を好意的に受け止めて、自分が何かを試されている事を楽しんでいるような、そのご婦人のフレキシブルな美しさと行動力に、今日も感銘を受けています。

お隣さんは言う。

「人って少し不便な方が楽しいわよね」

この言葉が私の心にも自然と宿ったようで、最近、相当なことがない限り、今日も手間のかかることを楽しむ私が居ます。

伝染は、ウィルスのように悪いことばかりではない。美しい心構えも伝染る。私は今日も、お隣から吹く素敵なそよ風を感じています。

玄冬

山あり谷あり

こうして色々思い出し、書き記していると、私のこれまでの人生、割と吉凶周りの方より激しく幸も不幸もやってきている気がします。で、ふと思い出したことがあります。

そう言えば私、随分昔から、神社でお参りする時、必ずこんなことをお願いしていました。「良質な人間になりますから、生きてるなぁと感じるような人生をください。波瀾万丈でもいいのです」……みたいなことを。割と小さい一〇代のころから、三〇代くらいまでずっと。何を考えていたのやら……。今の私なら波風立つのを全力で止めたいところですが、本当にここまでの私の人生、善きことも悪しきことも、ジェットコースターのように体験してきました。見知らぬおじさんと公園で出会いカブトムシ探そうと森に連れられ危機一髪なところで逃げた幼少期から転校を中学までに六、七回繰り返し内向的になりイジメにあったり、社交的になってちょっと人気者になったり。そんな日々から地域によって学習が異なり、ドドドと成績が下がりだし、ちょうどそんな頃、父と母が別れる別れないとギクシャクしモメはじめ、これは私の人生あまり先は期待できないぞと思ったところで宝塚に受かる。そしてまた音楽学校で落ちこぼれ自己嫌悪との葛藤となり、ならば人より研究をと稽古場にいつもずっと居残っていたら、ある日先輩が足を怪我され休演となり、そこの貴方代役に入って！　と言われ、その公演以来役がつくようになり、その後遅まきながらではありますが、一五年目にトップとなる。ざっと思い出しただけでもかなり乱高下激しい。神社で拝んだことが叶っている？　のでしょうか。

何をやっても普通で凡人発の私がとてつもない景色をたくさん偶然によって見せて頂いた。そしてお願いしてきたことが少しずつ形になり、人生になっている。しなやかに生きてきましたと言いたいところですが、がしがしと原生林を伐採して歩んで来たという感覚が、正直あります。まあすべていい方向にショートカットで行くよりも、紆余曲折があったから、揉まれた中で見えてくる景色に感動があった気もします。そんな私の半生です。子どもの頃、夏休みになると父に山登りに連れていかれていたことが思い出されます。辛く苦しかった山ほど、山頂の景色は逞しく壮大で、美しかった事。下山した後の食事が最高に美味しかった事。その時のお寿司は今のところ人生一なのです。皆さんは神社でどんなことを願っているのでしょうか。

私、そういえば四〇代になるまで、神社で恋愛のことをお願いしたことはありませんでした。別に事足りていた訳でもないのですが……苦笑。

ある日知り合いの方に「あなた、誰かいい人いないですかねって、神さまにお伺いしたことある？　ずっと仕事のことをお願いしてきたんでしょ。神様は水無月に出雲大社に集まって八百万《やおよろず》の神々たちで、この地域にはこんな子がいるが、よい方はどこかにおらぬか？　と話し合いがあるんだから、まずはエントリーするつもりで口に出しなさいよ」と、弾むような明るさでダダダと背中を激しく押されたことがきっかけで、ちょっと意識しはじめたのは事実。それまでは本当にずっと仕事だけで来た私、「役者なんだから、結婚観も知っておきたい」という気持ちも湧いて、それからは神社に伺ったら必ず、「私とご縁ある方いましたら、お導きくださいさい」と願うようにした。そうしたらですね、

玄冬

その後わりとすぐ、確か一年以内にご縁は整い、パタパタと結婚と相成りました。

波瀾万丈を願っていた私、ご縁くださいと願っていた私、いつだって思えば神様は叶えて下さっていました。

あらゆる壁が扉になるとき

私はまもなく還暦です。これまでは現実をバタバタと生きてきて、新しいものが身体や心に経験や知識となって入ってくると信じ、私なりの咀嚼を繰り返してきました。ところが還暦を過ぎた少し先ゆく先輩方は、咀嚼というより、どんどん削ぎ落としていっている感がある。無駄なことは考えない、自分に正直に生きる、正に父が言ったようにもう一度、経験という土台の上に、ゼロから自身のルールを立て直している感覚です。

ある方は、ここからは何か社会に貢献したいとおっしゃり、ある方は今まで行きたかった所を全て旅して安住の地を見つけて移り住むのだとおっしゃる。六〇歳という壁は、何やら人に、もう一度情熱への燃料を注ぐ場所になっているように思えるから夢があります。

赤いちゃんちゃんこがしっくり似合う人はもはやほとんどおらず、周りもご家族もご隠居になんかさせない。孫も可愛いけど私も日々自分のことで忙しいのよね、なんて声も耳にするし、私のような退職期限のない芸能の世界にいると、還暦という文字だけが浮遊し、現実としてどう捉えてよいのやら、と悩ましい。

子どもを産んで親の自覚が芽生え、孫ができて晩年期に入ってきたのだと心得る経験をしていないのも大きいのだと思うのだけど、時が移り変わり、コロナ禍が人の思想を多様化させたこともあり、周りがそれぞれの自由な選択肢を認める時代になった、とでも言いましょうか。

還暦だけでなく、七〇代、八〇代、九〇代、そして若い世代の方も型にはまらない個の生き方をしている。これを個性というのかは別として、私はそれぞれの世代を見ながらそう感じています。

先日、コシノジュンコさんが、「あの人もあの人も、みんな亡くなってしまった。でもだったらその分若い方たちとも友達になって増やさなきゃと私思うのよ。全部共に見てきた同じ世代の友人ももちろん大切だけれど、同じ時代を見てこなかった分、違う世代の人たちからはまた別の文化が見えてくるから面白いわ。だからマヤさん、私たちもこれからはお友達ね」って。

　何とも素敵に胸に刺さるお言葉でした。そしてジュンコさんは続けます。「仕事に情熱をかけるだけじゃなくて、オフも色んな楽しみを持つの。体を動かすことでもいいし。コロナ禍だった時も、私は沢山の抽象画を描いたわ。今はその時描いたものを洋服のデザインにしたりして。負だけにとらわれず、何だって今から叶えられるわよ。自分の人生、将来から見ると今のこの瞬間が一番若いんだから」と、間違いなく私より前向きに活き活きされているのです。

　ついこの間まで白黒つけるクセが私にはあった。そのことで自分で自分を生きにくくしていたことがわかりました。そして『不思議の国のアリス』のウサギ（?・）みたいに、忙しく動いていることで自身に納得してきた私。

しかし今ここに来て、還暦を機に思うのです。ここからは、頭に巻き付いた固定観念をいかにほどき、捨て去り、右の道なのか左なのか、はたまた獣道を伐採して進むのかを自分らしく笑みをもって考える時期。

生前、八〇代だった母が言っていました。

「人生、六〇代が一番楽しかったわ」

今の私には、まだこの実感はわかず、まさに未知との遭遇でありますが、子どもの頃のような好奇心で、その扉を自然と開けたくなる言葉を、母に、ジュンコさんに、もらっていたことに気づきました。

玄冬

あとがき

孔子がいった。わたしは一五歳で学問に志し志学《しがく》、三〇になって独立した立場を持ち而立《じりつ》、四〇になってあれこれと迷わず不惑《ふわく》、五〇になって天命をわきまえ知命《ちめい》、六〇になってひとのことばがすなおに聞けるようになり耳順《じじゅん》、七〇になると思うままにふるまって道をはずれないようになった従心《じゅうしん》、と。

私は今、不惑を超え、知命を超え、いよいよ耳順に突入。さてこれから先の私はどうなっていくのか。孔子の時代から、はたまた信長が「人間五〇年、化天の内をくらぶれば　夢幻のごとくなり」と舞った、かの時代から、あきらかに寿命が延び、人智を超えた八〇、九〇、一〇〇には、お手本にすべき言葉がありません。ならばいっそ自分で作ってしまいましょうか。

あなたなら、自分の八〇代、九〇代、一〇〇代にどんな言葉をつけますか？

私なら「醍醐味」とつけたいです。何が正解かなんてわかりませんが、八〇代、いろんなことがあったけど、ほら私、こんなに笑顔よと存在していたい。いつか現世に別れを告げるとき、一冊の本を読み終えた時のように、爽快な読後感が得られたら、それだけで「自分の人生」は素晴らしい物語を全うできたことになるのではないでしょうか。

叶えた夢も、叶わなかった夢も、人生に四季折々の表情を添えて……。

そんなわけで、ひとまずこの本は幕を閉じますが、人生はまだまだ続きます。

皆さま、Have a wonderful life!

二〇二四年　一月吉日

真矢ミキ

いつも心にケセラセラ

2024年1月24日　第1刷発行

著者　真矢ミキ
写真　yOU（河﨑夕子）
デザイン　宮崎絵美子（製作所）
DTP協力　株式会社のほん
イラスト　世戸ヒロアキ
制作協力　水井基善（オスカープロモーション）
ヘアメイク　小澤久美子
編集　松本貴子（産業編集センター）

発行　株式会社産業編集センター
〒112-0011
東京都文京区千石4丁目39番17号
TEL：03-5395-6133　FAX：03-5395-5320

印刷・製本　萩原印刷株式会社

ISBN978-4-86311-391-6　C0095